Glasscherbenhaus

Textband

von June Spring

Bibliografische Information der Deutschen Nationalbibliothek: Die Deutsche Nationalbibliothek verzeichnet diese Publikation in der Deutschen Nationalbibliografie; detaillierte bibliografische Daten sind im Internet über dnb.dnb.de abrufbar.

1. Auflage, 2021
c/o Franz-Mehring-Str.15
01237 Dresden
Kontakt: JuneSpring@web.de

Lektorat/Korrektorat:
Katharina Dargel

Covergestaltung:
Lisa Winter
Unter Verwendung von Grafiken von:
Pavel Chagochkin/Shutterstock.com
Wilqkuku/Shutterstock.com

Buchsatz:
Nina Kristin Schneider

Illustrationen:
Laura Freundler
Marie - Luise Müller
Carina Cabarth

Herstellung und Verlag: BoD – Books on Demand, Norderstedt

ISBN: 9783753435381

Buchbeschreibung:
Was macht es mit dir, wenn nicht viel mehr bleibt als ein Glasscherbenhaus?
Wenn du keine Ahnung hast, wie du Dinge ertragen und verarbeiten sollst.
Wenn es dich auffrisst und du gelernt hast, dass es besser ist zu schweigen.
Macht es dich kaputt?
Was macht es mit dir, wenn du nicht mehr als eine Wette bist?
Wenn du nicht mehr, als das Mädchen bist, über das alle lachen und reden.
Wenn du das Nichts bist.
Wenn der Gestank von »Du wirst niemals gut genug sein!« auf deiner Haut und deiner Seele klebt.
Wenn er sich einfach nie wieder verliert.
Was macht es mit dir?

Über die Autorin:
June Spring hört auf den Spitznamen Elli. Im Juni 1996 erblickte sie in Dresden das Licht der Welt.
Mit 16 begann sie eine Ausbildung zur Altenpflegefachkraft und arbeitet noch mit großer Leidenschaft in diesem Beruf.
Sie hat eine Faszination für Bücher, Fußball, Musik, Geschichtsdokumentationen und dunklen Humor.
Seit ihrem 14. Lebensjahr schreibt sie Texte und Gedichte.
Glasscherbenhaus ist ihr Debüt.

zu finden auf Instagram unter:
june_zwischen_buchstaben
oder Bookstagram: spice_books

Disclaimer

Dieses Buch kann auf Menschen mit psychischen Erkrankungen oder instabilen Zuständen belastend wirken. Deswegen bitte ich dich darum, es nur zu lesen, wenn du dich emotional stark genug fühlst. Solltest du beim Lesen merken, dass es für dich einfach nicht funktioniert, so empfehle ich dir, dieses Buch zu unterbrechen oder gar abzubrechen.

Wenn du danach Redebedarf hast, wende dich an eine Vertrauensperson, um über deine Gefühle zu reden. Das Letzte, was ich möchte, ist, dir in irgendeiner Art und Weise zu schaden.

Ich verarbeite in diesem Buch meine Gedanken, Gefühle und auch Erinnerungen. Einige Texte sind schon etwas älter, aber auch sie haben hier ihren Platz verdient.

Themen sind:
- Depression
- Trauer nach Todesfall
- Angststörung und Panikattacken
- selbstverletzendes Verhalten in leichter Form
- Suizidgedanken
- Flashbacks

Da Krankheiten unglaublich facettenreich auftreten, kann es sein, dass du dich – trotz gleichen Krankheitsbildes – nicht in meinen Texten wiederfindest. Das ist nicht ungewöhnlich und völlig in Ordnung. Bei keinem von uns macht das unterschiedliche Empfinden der Krankheit diese weniger real. Wenn du der Meinung bist, bereit für dieses Buch zu sein, dann auf zur nächsten Seite.

In Liebe,
June Spring

Intro

Ich bin June Spring, weil der Juni ein bedeutender Monat im Leben meiner Eltern war. Sie haben sich kennengelernt, geheiratet und ihr erstes ersehntes Kind ist in diesem Monat geboren.
Ich bin June Spring, weil ich den Frühling so sehr liebe. Ich bin voller Hoffnung, da alles in seiner Blütezeit ist.
Ich bin June Spring, weil die Monster in meinem Kopf schon mehr als nur einmal gesagt haben: »Spring endlich, June!« Aber ich bin hier und deswegen bin ich June Spring.

Für April,
damit dein Name nie vergessen wird.

Inhaltsverzeichnis

Rastlosigkeit

Ich bin ständig damit beschäftigt, Kommas und Semikolons an Ereignisse zu setzen. An Ereignisse, hinter die ich eigentlich schon lange einen Punkt oder ein Ausrufezeichen hätte setzen müssen.

- *Punkt*

Ich lass dich nie nah genug an mich `ran,
damit ich immer flüchten kann.
Ich bin lieber die, die verlässt,
als wieder die zu sein, die verlassen wird.
Ich suche mir den Abschied lieber selbst heraus,
als mit großen Augen davor zu stehen und die Welt wieder nicht
zu verstehen.

- *Sicherheitsabstand*

Ja, ich wollte bleiben, doch ich bin gegangen.
Ich musste gehen, weil ich mich in dieser Situation nicht mehr ausgehalten habe.
Es tut mir leid, ich wollte nicht fliehen. Aber ich bin besser auf der Flucht.

- *Für immer unterwegs*

Versuch nicht, mich zu fangen, denn du kannst mich niemals halten. Ich werde niemals aufhören, dich und alle anderen von mir zu stoßen, sobald es mir zu nah wird.
Nichts ist mir sicher genug. Ich bin nie genug in Sicherheit, wenn andere mir viel zu nah sind.

- Fang mich nicht!

Manchmal waren wir zu leer und rastlos – auf der Suche nach uns selbst und unserem Ziel.
Meistens kamen wir nie richtig an. Ein Teil blieb immer leer, rastlos, auf der Suche.

- Auf der Suche

Die Welt dreht sich viel zu schnell für mich.
Ich bin überflutet von all ihren Reizen. Ich fühle mich verloren
in der großen Welt, zwischen all ihren Stärken und Schwächen,
ihrer Schnelllebigkeit.
Ich verliere mich in der Welt und in mir selbst.

 - *Überdreht*

Ich habe dich so viele Wochen nicht gesehen und habe nicht verstanden wieso. Es tat mir weh, jeder Tag tat mir so weh.
Dann waren da die Kabel und so ein merkwürdiges Teil an deinem Hals. Du hast nicht mehr geredet, du hast einfach nicht mehr mit mir geredet.
Ich hab's nicht verstanden. Was sie vorher zu mir gesagt haben? Ich weiß es nicht mehr.
Es ist stumm, aber in meinen Ohren dröhnt es.
Ich bin leer, aber in mir ist noch Hoffnung.
Du lebst, irgendwie lebst du noch. Aber ich hab's nicht verstanden, das alles nicht verstanden.
Dann bist du irgendwann gegangen, dein Körper war zu schwach. Ich wollte das alles nicht glauben. Ich habe noch nie so einen Schmerz gefühlt. Du warst weg und ich habe das alles nicht verstanden.

- *Ich hab's nicht verstanden*

Wenn ich dich halten könnte, würde ich dich halten - richtig festhalten, damit du nie wieder gehen musst. Damit du am Ende hierbleiben kannst, hier bei mir.
Aber ich kann dich nicht halten, du bist weg, wie immer.
Es macht keinen Sinn und doch schreie ich laut: »April!!« So lange, bis meine Lunge mir weiteren Sauerstoff verweigert. Der Traum hat das Glück abgebildet und es gleichzeitig zum Einstürzen gebracht. Wenn du mich halten kannst, richtig festhalten kannst, dann muss ich nie wieder gehen.

- Nie wieder gehen

Ich hasse den Winter, weil er mich erdrückt. Er nimmt mir jeden Raum. Er nimmt mir die Luft zum Atmen. Er schenkt sie mir - die ganzen Flashbacks. Aber ich kann die ganzen Bilder nicht mehr sehen. Ich will sie nicht mehr sehen, weil es mir wehtut.

- *Flashbacks*

Verstehst du nicht?

Sie war ein Schmetterling, der stabile Flügel hatte, nur dass sie sich kaum noch an diese Zeit erinnern kann.

Verstehst du nicht?

Diesem Schmetterling wurden die Flügel gebrochen, doch sie lernte zu überleben. Sie kannte nicht den Preis dafür, keiner wusste, wie hoch er sein würde.

Verstehst du nicht?

Sie entwickelte Denkweisen und Gefühle, die auf Dauer nicht gut für sie waren, aber so hat sie die schlimmsten Stürme überlebt.

Verstehst du nicht?

Dieser Schmetterling wusste, wie man ohne Flügel fliegen kann, doch eines Tages brachte es ihm nichts mehr.

Der Schmetterling wusste nicht, was er zu tun hatte, um zu überleben.

Er fand sich nicht mehr in der Welt zurecht.

Er zweifelte immer stärker an seinem Dasein.

Er dachte, er sei schwach, weil er keine Flügel mehr besaß.

Er konnte nicht sehen, wie stark er war, weil er ohne Flügel überleben konnte.

Verstehst du? Ich bin dieser Schmetterling.

- *Schmetterling*

Natürlich weiß ich, dass ich unglaublich viel Zeit mit den Unannehmlichkeiten meiner Erkrankung verschwendet habe.
Tick tack, die Zeit läuft ab.
Ja, ich habe Angst davor, dass ich noch viel mehr Zeit verschwenden werde.
Tick tack, die Zeit läuft ab.
Sie gleitet mir immer wieder aus der Hand, die Uhr, und ich kann sie nicht festhalten.
Tick tack, die Zeit läuft ab.
Sie läuft mir davon, mit all den Chancen, die ich verloren habe und weiter verlieren werde.
Tick tack, die Zeit läuft ab.
Am Ende des Tages wird sie mir alles nehmen, vor allem weitere Lebenszeit verschwenden.
Tick tack, meine Zeit läuft ab.

- *Tick tack*

Mein Herz rast, der Puls steigt. Das Kopfkino geht an. Das Gefühl überwältigt mich. Das Gefühl der Machtlosigkeit. Da ist er, der Kontrollverlust.

Ich will mich an der Sicherheit festkrallen. Ich will sie nicht loslassen. Mein überwältigender Schrei.

Aber da ist nur Stille. Ich ringe nach Luft. Tränen laufen an meinen Wangen hinunter. Die letzte Blase der Sicherheit, der Hoffnung, ist geplatzt. Mein Körper zittert. Angst, dieses riesige Wort. Panik, der Berg, der unüberwindbar scheint. Attacke und ich kann mich nicht schützen.

Angststörung, weil mir nie etwas sicher genug scheint.

Weil ich mir Szenarien ausmale.

Weil mich die Vergangenheit einholt.

Störung, weil mein Verhältnis zur Angst gestört ist.

Mein Atem beruhigt sich. Ich habe alles wieder unter Kontrolle. Ich bin in Sicherheit – in diesem Moment.

- Panikattacke

Nichtschwimmer

Ich mag kein Wasser und ich kann immer noch nicht schwimmen.

Dieser Satz löst immer wieder Verwunderung aus. Aber wie könnte ich es mögen, wenn ich jedes Mal gezwungen wurde, in das tiefe Wasser hinein zu springen, obwohl ich schreckliche Angst hatte? Ich bin in das Wasser eingetaucht und dann habe ich immer so sehr dafür gekämpft, nach oben zu kommen. Anschließend habe ich um Hilfe geschrien, die immer erst kam, als ich fast ertrunken war. Ich sollte schwimmen lernen, aber ich war anders als die anderen Kinder. Ich war gerade erst untergegangen und ich hatte Angst, dass es wieder passiert. Warum ich das erzähle? Es ist meine Metapher für das Leben. Ich bin Nichtschwimmer und ich fürchte das Wasser, manchmal auch das Leben. Ich habe Angst vor dem Untergehen, weil mich das erste Mal niemand gerettet hat.

- *Untergang*

Ich sitze in einer Gruppe, umzingelt von vielen Menschen. Wir werden nach unseren Wünschen gefragt. Das Mädchen mir gegenüber fängt an: »Ich will die Welt bereisen.« Ich mag ihre Idee, denn es gibt auch viele Orte, die ich gerne sehen würde. Aber dann wird mir wieder bewusst, dass es mit meiner Angststörung kaum vereinbar ist. Also bleibt mir nur übrig, mich für sie zu freuen.

Danach spricht das Mädchen neben mir. »Ich würde gerne meinen Partner heiraten und Kinder mit ihm bekommen.« Ich bewundere ihren Mut, einem Menschen so sehr zu vertrauen. Diese Dinge mit einer anderen Person anzugehen. Ich weiß, dass ich höchstwahrscheinlich nicht mehr dazu in der Lage sein werde. Meistens ist das okay für mich.

Es kommen weitere Leute zu Wort und sie erzählen von sich. Dabei wird mir bewusst, dass ich niemandem eine Antwort darauf geben möchte. Nicht mehr zumindest. Also versuche ich, mich unsichtbar zu machen. Wieder habe ich das Gefühl, dass ich nicht in diese Welt passe.

Zum Schluss bleibe nur noch ich übrig. Ich wollte mir genug Zeit verschaffen, um mir etwas Gutes einfallen zu lassen, damit ich nicht auffallen muss. Aber ich liebe die Wahrheit. Also sortiere ich den Buchstabensalat in meinem Kopf. Ich beginne leise zu sagen: »Ich möchte möglichst alt werden und dann eines natürlichen Todes sterben. Ich möchte nicht eher den Mut verlieren, am Leben zu sein.«

Ich kann die harte Stille fühlen, weil alle etwas anderes erwartet haben. Es ist immer das Gleiche.

So war es, als ich von meinem schlimmsten Tag erzählen sollte und eine Todesnachricht wählte. Oder auch, als ich mir als Kind wünschte, jemand Totes könnte wieder leben.

Alle sind wieder einmal mit der Aussage überfordert, ich kann es in ihren Blicken sehen. Dabei haben sie übersehen, dass auch ich mit ihren Aussagen überfordert war. Aber warum sollte ich schweigen, nicht ehrlich zu mir selbst sein?

Ich bin ein Freund der wahren Worte geworden. Meine eigenen Lügen, als ich mir Dinge ausdachte, nur um nicht aufzufallen – sie haben mir in die Zunge geschnitten und ich bin nicht mehr bereit, für andere zu bluten. Viel zu oft sehe ich mich schon wegen mir selbst untergehen. Da muss ich nicht auch noch verbluten.

- *Stuhlkreis*

Ich tanze am Abgrund den schönsten Ausdruckstanz, der je gezeigt wurde. Das Spiel ist berauschend, die Magie versprüht Funken, der Boden glüht.

Einen Tanzschritt mit dem Leben, den nächsten mit dem Tod. Die Balance zwischen beiden zu halten wird immer schwieriger, denn das Leben hat die Grazialität, die Eleganz, die Schönheit verloren. Während der Tod in seiner Rolle immer sicherer und anmutiger wird, so als habe er mich genau auf dem Hochseil beobachtet. Er weiß, was er tun muss, damit man ihn nie wieder vergisst.

Ich tanze immer weniger Schritte mit dem Leben, nur noch die einfachen, die komplexeren tanzt der Tod. Die schönsten Dinge erlebt man nur mit denen, zu denen man sich hingezogen fühlt, nur das erzeugt Gefühl und erwärmt dein Herz. Die Tanzschritte werden anstrengender, aber gegen die wahren Worte, die der Tod spricht, können die Lügen des Lebens nur versagen. Zu oft haben sie dich verletzt und allein gelassen. Die Tanzstunden mit dem Tod haben dich getröstet, schon als du ein kleines zuckersüßes Mädchen warst. Das Leben erst hat dich in seine Arme getrieben, nur deswegen musst du diese Balance halten. Es ist dir nicht vergönnt, die schönsten Choreografien mit dem Leben vorzuführen.

Der finale Akt, ich trage mein schönstes Kleid. Mit dem Leben tanze ich die einfachen Schritte, mit dem Tod auf Profilevel. Wir haben alle begeistert mit unserem Auftritt, der Applaus ist tosend und er will nicht enden.

Es ist mein größter Erfolg und ich weiß, mit wem ich weiter zu tanzen habe, denn einmal will ich ankommen und anerkannt sein. Keine Lügen mehr, nur noch Wahrheit; und das schmerzende Herz hört auf zu brennen, der Balanceakt war beendet, der Kampf vorbei und nur noch eines versprühte Magie. Die schönste Choreografie, denn die Tragik traf mitten ins Herz; Menschen lieben es, sich an Dramen zu ergötzen.

Ihr Körper starr, der letzte Takt, im letzten Akt, tosender Applaus, Verneigung und der Vorhang fällt im schönsten Rot.

- *Balanceakt*

Ich bin so müde von den Kämpfen, dem Kampf am Leben zu sein, am Leben zu bleiben. Ich bin so verzweifelt, dass ich versuche, mich an jedem Strohhalm der Hoffnung wieder hochzuziehen.

Ich bin resigniert, weil ich doch eigentlich der Hoffnung nicht mehr vertrauen wollte. Sie hat nie aufgehört, mich zu verraten, aber sie gehört doch zum Leben dazu.

Ich treibe kraftlos im Wasser umher, wissend, dass ich nicht schwimmen kann. Es sieht bemitleidenswert aus, wie ich versuche, mich über Wasser zu halten. Jeder jämmerliche Versuch, mich zu befreien, wird vereitelt und so treibe ich weiter umher. Der verzweifelte Versuch, über Wasser zu bleiben, weil zu viel davon in meinen Lungen mich umbringen würde. Also kämpfe ich weiter meinen täglichen Kampf. Ich möchte nicht ertrinken.

- Für immer müde

Ich habe nie schwimmen gelernt, weil ich dem Wasser nicht vertraut habe, dass es mich tragen kann. Ich habe mich nie in einen Flieger gesetzt oder in andere fliegende Objekte, weil ich nicht darauf vertraut habe, dass sie in der Luft bleiben. Ich habe mich nie hoch hinaus getraut, weil ich dachte, ich falle hinunter. Ich habe Menschenmassen immer gehasst, weil sie mir viel zu nah waren. Ich habe jedem Menschen unterschwellig misstraut, weil ich dachte, ich werde belogen. Ich konnte mir nicht vorstellen, dass jemand wirklich ehrlich zu mir ist.

Vor allem habe ich mir nie selbst vertraut. Ich habe mir bei allen Dingen schon 100 schlimme Szenarien ausgemalt, die passieren könnten, egal wie absurd sie sind. Einfach weil ich das Gefühl hasse, nicht darauf vorbereitet zu sein, keine Kontrolle über die Dinge zu haben. Aber so funktioniert eine generalisierte Angststörung bei mir nun einmal. Ich habe Angst vor allem und jedem, manchmal habe ich so große Angst vor Dingen, dass ich denke, ich könnte dabei sterben. Und wer begibt sich schon gerne in Situationen, in denen er draufgehen könnte? Niemand!

- Hello anxiety disorder

Heute habe ich Angst vor morgen,
morgen habe ich Angst vor übermorgen.
Übermorgen habe ich Angst vor überübermorgen,
überübermorgen lähmt die Angst meine Atmung.
Überüberübermorgen hat die Angst mich auf dem Gewissen.

– Angst vor morgen

Dann war da der Punkt, an dem wir uns einfach verloren haben. Wir haben angefangen, unterschiedliche Wege zu gehen. Wir wollten uns nie verlieren und trotzdem konnten wir es nicht verhindern.

Manchmal bin ich im See der Sehnsucht ertrunken. Vielleicht bist du es auch. Vielleicht können wir uns irgendwann am Grund treffen. Vielleicht können wir dann jeden Punkt überwinden, der uns entzweit hat.

- Getrennte Wege

Man soll gehen, wenn es am schönsten ist. Das Drama ist auf dem Höhepunkt, das Drama ist glücklich.
Also gehe ich für das Drama, sonst geht die Gleichung nicht auf. Ich liebe die Tragik, ich klammere mich daran fest. Ich bin die Tragik und ich ertränke mich. Ich ertränke mich in einem See voller Melancholie. Das ist meine Gleichung und in ihr gehe ich auf. Ertrunken in einem Meer voller Melancholie.

- Ertrunken

Zwischen Buchstaben ist ein Platz für mich. Ich atme ein, Buchstabe, ich atme aus, Buchstabe. Zwischen Worten ist noch viel mehr Platz für mich, Leerzeichen. Ich bin leer und erst habe ich selbst die Zeichen dafür übersehen und dann alle anderen. Ich bin ein Leerzeichen, ein Zeichen der Leere, das zwischen Buchstaben und Worten umherirrt, um zu atmen.

- *Leerzeichen*

Schmerzgefühle

Also hörte ich auf, in Gänseblümchen Freude zu sehen, denn sie brachten dich nicht mehr zum Lachen.

- *Blumengeschenk*

Wir sind die zerbrochenen Kids zwischen streitenden Erwachsenen.
Wir sind die zerbrochenen Kids zwischen giftigen Intrigen.
Wir sind die zerbrochenen Kids zwischen lautem Geschrei.
Wir sind die zerbrochenen Kids zwischen stinkendem Verrat.
Wir sind die zerbrochenen Kids zwischen leeren Versprechungen.
Wir sind die zerbrochenen Kids zwischen trostlosen Hoffnungen.
Wir sind die zerbrochenen Kids zwischen kaputten, scharfkantigen Welten.
Wir sind die zerbrochenen Kids mit dem schreienden, nagenden Schmerz.
Wir sind die zerbrochenen Kids mit dem Loch im Herzen.

- Die zerbrochenen Kids

Ich betrachte uns beide und sehe unsere Bruchstellen. Du hast laut um dich geschlagen, während ich immer stiller geworden bin. Du schlägst immer noch laut um dich und ich schweige immer noch die meiste Zeit. Wir beide haben viel zu oft versucht, unsere Wunden zu heilen, mal zusammen, mal getrennt. Wir haben versucht, normal weiterzuleben, seit April nicht mehr da ist. Doch wir wissen beide, dass wir gescheitert sind.

Dann haben wir Haken dahinter gesetzt. Manchmal schauen wir uns an und lachen laut los, weil wir wissen, dass es vorbei ist, dass wir verloren haben, dass wir keine Chance haben. Es tut weh, es hat immer wehgetan, aber es ist auch nichts mehr, was uns die Luft zum Atmen raubt. Wenn wir nichts mehr erwarten, können wir auch nichts mehr verlieren. Also haben wir aufgehört, etwas zu erwarten.

- Fixomull Stretch für September

»June, lass die Scherben liegen, du schneidest dich nur daran!«
Ich schaute auf und ließ sofort danach wieder den Blick auf die
Scherben sinken. Ich hatte das nicht mit Absicht kaputt
gemacht. Dennoch konnte ich nicht leugnen, dass ich den
Anblick von zersplitterten Gegenständen genoss. Es war, als
würden sie einen Moment meinen inneren Schmerz aufsaugen,
denn diese Scherben glichen meiner gesprungenen Seele. Mein
Glashaus hatte auch einen ordentlichen Schmiss und war jetzt
ein Glasscherbenhaus. Ich versuchte, mich nicht daran zu
schneiden, aber scheiterte viel zu oft. Ich blutete viel, aber
eigentlich immer nur nach innen. Woanders wäre auch kein
Platz für mein Blut gewesen. Es hatte nicht lange gebraucht,
um das zu begreifen. Menschen wie ich hatten in dieser Welt
keinen richtigen Ort. Also blieb ich bei meinem
Glasscherbenhaus, wo sonst hätte ich hingehen sollen, außer in
meine kaputte Gedankenwelt? In dieser Welt war ich
wenigstens immer willkommen. Also schmiss ich weiter Dinge
kaputt, um einen kleinen Moment zu heilen.

- *Glasscherbenhaus*

Wenn Worte meine Sprache wären, würde ich von meinem Schmerz erzählen. Aber Gedanken sind meine Sprache und so zerdenke ich meinen Schmerz.

- *Meine Sprache*

Natürlich urteilen sie über dich. Als wüssten sie genug von deiner Geschichte.

Natürlich reden sie über dich. Als wüssten sie etwas von deinem Schmerz.

Du spürst die Blicke auf deiner Haut. Du willst sie von dir abschütteln, weil du tief in dir weißt, dass es nichts bedeutet. Es bedeutet nichts, was sie über dich denken oder sagen. Aber das Dröhnen im Kopf wird immer lauter. Es schreit dich an: »Versager!« In diesem Moment glaubst du, du seist nur ein Versager. Endlich kommt dein Kopf wieder zur Ruhe.

Tief in dir weißt du, dass es falsch ist. Du bist kein Versager. Du bist kein Versager, nur weil du andere Bedürfnisse hast. Du bist kein Versager, nur weil dir Dinge wehtun, die anderen nicht wehtun. Du bist kein Versager, nur weil du ein anderes Empfinden hast. Du bist kein Versager, nur weil dir Dinge schwerfallen, die anderen leichtfallen. Du bist kein Versager, nur weil sie meinen, sie wüssten genug über dich. Sie wissen nichts über dich. Sie kennen nur deine Maske.

- Urteilen

Ich spüre die Sehnsucht in meinen Adern, das Gefühl, es wieder zu tun. Ich werde nervös, weil der Drang wieder viel zu stark ist. Es ist nicht gut für mich, ich möchte doch raus aus dem Teufelskreis. Doch diese Sehnsucht in mir macht es so unglaublich schwer. Unruhig fahre ich meine Arme hinab, der suchende Blick zu meinen Sicherheitsnadeln. Ich möchte es wieder tun, es ist gerade alles so unerträglich.

Ich unterbreche meinen sehnsüchtigen Blick. Ich muss stark sein! Ich kann die lange Zeit ohne nicht wieder kaputt machen, nicht wegwerfen. Ich atme durch und konzentriere mich auf den Schmerz in meiner Erinnerung, mehr kann ich nicht tun. Aber die Sehnsucht lodert weiter in meinen Adern, ungestillt.

- *Sicherheitsnadelnliebe*

Schadensbegrenzung, während ich stumm meine Wunden mit Pflastern versorge.

Schadensbegrenzung, während ich müde meine Narben zähle.

Schadensbegrenzung, während ich Worte aus meinem Gedächtnis verbanne.

Schadensbegrenzung, während ich angestrengt Erinnerungen verdränge.

Schadensbegrenzung, während ich mir gequält ein Lachen abringe.

Schadensbegrenzung, während ich müde meine Maske anpasse.

Schadensbegrenzung, während ich gespannt auf den nächsten Tag warte.

Ich bin eine Schadensbegrenzung, darauf bedacht, den Schaden für andere und mich möglichst zu begrenzen.

- Schadensbegrenzung

Vielleicht kann ich mich ausradieren. Dann bleibt nur noch ein Abdruck, weil jemand mal zu sehr mit dem Bleistift aufgedrückt hat.
Ich bin da, ich bin weg. Ich war da, ich bin weg.

- Abdruck

In einer Welt, in der man nichts ist, kann man auch ganz leise verschwinden. Nichts fällt nicht auf und Nichts kann man auch nicht vermissen. Ich hänge am seidenen Faden, Nichts hängt am seidenen Faden. Sichtbar, gut unsichtbar. Ich lausche meinem Atem, meinem schweigenden Atem. Nichts ist leicht zu vergessen.

- *Leicht zu vergessen*

»Warum hört es nicht endlich auf zu schlagen?«, schrie sie in die Stille der Nacht. Tränen der Verdrängung liefen über ihre Wangen. Jeden Schmerz hatte sie von sich gestoßen. Sie hatte gehofft, ihn nie wieder zu fühlen. Dabei wusste sie doch, dass er immer wieder in unpassenden Momenten heraus gekrochen kam. Der Schmerz würde immer wieder versuchen, sie in die Knie zu zwingen.

- *Warum hört es nicht einfach auf zu schlagen?*

Tagträume – Nachtträume. Beide schaden sie mir, beide auf ganz unterschiedliche Weise. Manchmal erwische ich mich dabei, wie ich anfange, mir Dinge vorzustellen. Ich träume mir wunderbare Situationen aus. Nur, um dann ernüchtert festzustellen, dass sie zu weit weg sind. Dass sie viel zu weit weg sind und mich davon abbringen, an meinem Ziel eines stabilen Lebens festzuhalten und nicht traurig darüber zu werden, was vielleicht nie erreichbar ist.

Wenn es nur die Verrückten sind, über die man am Morgen lachen kann, dann ist es eine gut erträgliche Sache. Aber wenn es diejenigen sind, bei denen du dich umher wälzt. Wenn du schreist, wenn du weinst. Wenn es diejenigen sind, in denen du all die schlimmen Bilder wieder siehst, die Situationen wieder erlebst. Wenn du diesen vernichtenden Schmerz wieder fühlen musst und du das Gefühl hast, dein Herz wird dir heraus gerissen. Dann sind es die schlechten Träume. Manchmal träume ich viel zu gern, obwohl es mir meistens nur schadet.

- Tagträume – Nachtträume

»Ich liebe dich!«, schrie ich dir immer wieder zu. Doch es war nie laut genug oder wir sprachen einfach nicht dieselbe Sprache. Vielleicht waren wir auf unterschiedlichen Wortfrequenzen unterwegs – unfähig, uns gegenseitig richtig zu verstehen. Manchmal habe ich auch geglaubt zu spüren, dass du mich liebst. Ich habe so sehr gehofft, dass es wahr ist. Ein Teil von mir wollte von dir gerettet werden. Du hast all meine schlimmen Geschichten gekannt, ohne dass ich dir davon erzählen musste. Du hast sie erlebt und du hast mir all die Jahre ein emotionales Zuhause gegeben.
Dann bist du einfach gegangen. Manchmal erwische ich mich dabei, wie ich mich immer noch nach dem Warum frage. Ich finde immer noch keine Antwort nach all der Zeit. So flüstere ich leise: »Ich habe dich geliebt.« In dem Wissen, dass es nie bei dir angekommen ist, denn wir haben immer aneinander vorbei geredet, wenn es wichtig wurde.

- *Aprilis, du warst mein Zuhause*

Ich konnte mein Glück damals kaum glauben, als ich dich wiedergesehen habe. Ich war unglaublich fasziniert von dir und ich glaube, der Blitz hat unglaublich schnell eingeschlagen.
Ich konnte es nicht fassen, als du mir sagtest, dir würde es nicht anders gehen. Ich war naiv und mal wieder voller Hoffnung, dass diese Liebe nicht unerwidert bleiben würde. Ich machte den Fehler und gab mich für dich selbst auf, denn ich hatte Angst davor, verlassen zu werden. Es war dumm von mir zu glauben, du könntest mich lieben. Natürlich hast du mich verlassen und später hast du mir gesagt: »Du warst nur Mittel zum Zweck, aber bitte bleib, denn ich mag dich doch trotzdem sehr.«
Ich blieb, weil ich schon immer eine Schwäche für emotionale Abhängigkeit hatte, und genau das hast du genutzt. Ich blieb so lange, bis ich nicht mehr konnte, bis ich aufbegehren musste. Wut und Hass auf dich wurden mein ständiger Begleiter, sobald ich begriff, was du mir angetan hattest. Der Ton wurde rauer zwischen uns.
Dann warst du fort und ich hatte das Gefühl, endlich wieder atmen zu können. Ich war wieder frei.

- *Dezember, du warst so kalt wie der Winter*

Du hast mich verletzt und alleine gelassen, immer wieder. Du hast mich benutzt und weggeworfen, als ich leer war. Ich habe dir alles gegeben, was ich zu geben hatte.

Oh Dezember, was hast du mir nur angetan? Wie konntest du mir das nur antun? Ich war eine kleine naive Blume, die immer noch an die Liebe glaubte, nachdem mir einmal das Herz gebrochen wurde. Er ist wenigstens einfach nur stumm gegangen. Es brannte, aber er hat mich nicht ausgenommen. Du hast alles noch viel schlimmer gemacht. Nach dir, Dezember, da war alles verloren!

- Dezember, du hast mich weggeworfen

Ich verlor mich wieder in deinen blauen Augen. Ich konnte in deinen Seen ertrinken, ich tat es, ich wollte mich gar nicht wehren. Jede Minute, die in deiner Nähe verging, verfluchte ich. Jede abgelaufene Sekunde bedeutete, dass ich mich bald von dir losreißen musste. Glaub mir, nichts habe ich mehr gehasst. Du hast den Goldanteil in meinen braunen Augen gesehen. Ich wollte, dass unsere Zeit stillsteht, weil ich wusste, außerhalb unserer Augen hatten wir keine Chance. Ich bin gegangen, du hast mich nicht aufgehalten. Jahre später habe ich dein Blau nie vergessen.

- January, vielleicht warst du meine letzte Chance auf Liebe

Ich schaue dich fragend an, denn ich verstehe dich nicht. Ich verstehe die ganze Situation nicht. Ich verstehe nicht, wie ich wieder in diese beschissene Situation geraten konnte. Ich sehe den Glanz in deinen Augen, den Glanz meines Schmerzes, in deinen Augen. Ich habe geblutet wieder einmal, wieder einmal zur Belustigung anderer Menschen. Ich kann das Blut durch meine Adern rauschen hören und meine Tränen fühlen. Vielleicht schmecke ich auch wieder ihr Salz auf meiner Zunge. Aber das kommt später, ich weine nicht vor meinen Peinigern, das habe ich nie und damit werde ich auch nicht anfangen. Ich habe noch ein wenig Würde für mich selbst übrig. Ich gehe und verlasse dein Blickfeld und ich muss meinen Schmerz nicht mehr in deinen Augen glänzen sehen. Ich weiß, dass er weiter glänzt. Ich weiß, was solche Menschen wie du erzählen, ich kenne viele von ihnen und sie unterscheiden sich selten. Du wirst ihn hochhalten wie eine Trophäe, eine Jagdtrophäe, du hältst meinen Schmerz hoch, als wäre er eine Trophäe. Er passt perfekt in deinen Schmerztrophäenschrank. Die Antwort auf die Frage, wie viele darin schon stehen, nicht nur von mir, möchte ich gar nicht wissen. Es macht dich glücklich, ihre gequälten Gesichter zu sehen. Das Blut rauscht weiter durch meine Adern und ich weiß, dass Menschen wie du niemals dazu in der Lage sind, aufrichtig positive Dinge zu empfinden. Das ist Strafe genug. Du bist einsam, so verdammt einsam. Du wirst kein Gewinner sein, nein, nur ein Opfer deiner selbst. Jeder hat einen Preis zu zahlen, Schätzchen, abgerechnet wird zum Schluss.

- *Schmerztrophäenschrank*

Wie soll ich jemals wieder vertrauen, wenn mein Rücken voller Narben ist? Voller Narben von den Messern, die darin steckten.

- *Narben*

Ich halte dich fest, bis du dich losmachst, bis du gehst. Ich halte dich nicht mehr fest, du bist gegangen.

Ich schreie nicht nach dir. Das Ende hat sich angebahnt. Das nahende Ende hat mir wehgetan. Ich habe zu viel Kraft hineingesteckt, um das Ruder herumzureißen. Ich habe es nicht geschafft.

Aber bitte geh, es ist okay. Für immer war schon immer ein zu großes Versprechen. Bleib nicht nur wegen der sentimentalen Erinnerungen, davon können wir nicht überleben. Bitte geh, ich fühle uns auch schon nicht mehr. Ich halte dich nicht mehr fest, du bist gegangen. Es ist okay.

- Bitte geh

Dann war da der Punkt, an dem wir uns einfach verloren haben. Wo wir angefangen haben, unterschiedliche Wege zu gehen. Wir wollten uns nie verlieren und doch haben wir uns verloren. Manchmal hat man den Lauf der Dinge nicht in der Hand. Manchmal muss man einfach akzeptieren, egal wie schwer das am Anfang auch fällt.

- *Wir wollten uns nie verlieren*

Das Leben und ich, wir sind keine Freunde. Manchmal sind wir gute Bekannte und in diesen Momenten fällt es uns leichter, Kompromisse miteinander einzugehen. Aber Freunde waren wir noch nie wirklich, richtig geliebt einander haben wir uns auch nie. Wir sind ein nicht endendes Drama.

Du und ich, wir reden immer wieder aneinander vorbei, als wollten wir uns dauerhaft missverstehen. Vielleicht waren wir uns noch nie sympathisch, manchmal springt der Funke einfach nicht über, vielleicht gehören wir beide dazu.

Ich habe zu viel wegen dir gelitten, du manchmal wegen mir. Wir beide gehen auf Dauer nicht gut, wir können nicht für immer schweigende Kompromisse schließen. Einer von uns muss eines Tages gehen, denn wir können niemals Freunde sein.

- Für immer Kompromisse

Maskerade

Und ich sage leise zu mir selbst: Vielleicht wird alles nochmal besser, vielleicht tut's irgendwann nicht mehr weh. Doch im selben Augenblick weiß ich schon, ich belüge mich nur selbst.

- *Selbstlüge*

Wenn man so lange in einer psychischen Erkrankung festhängt, kennt man die Wahrheit für sich. Du belügst andere weiter, aber dich selbst irgendwann nicht mehr. Du weißt, dass du untragbar bist – für dich und vor allem für andere. Du erzählst ihnen, dass sich das irgendwann wieder ändern wird. Sie wünschen sich das sehr, weil du ihnen wichtig bist. Und du, du wünschst dir das auch, deswegen lügst du sie an.

Aber du kennst die Wahrheit, du bleibst in deinem vollen Umfang untragbar. Du weißt, dass mit dieser Erkrankung nicht viel bleibt, dass sie dir am Ende des Tages alles nehmen wird. Du bist schon viel zu lange in diesem Kreislauf, um die Wahrheit nicht zu kennen.

- *Untragbar*

Irgendwann ist auch ein schönes Wort für ungewisse Dinge. Es ist ein Wort für Wünsche, Träume und Erwartungen, von denen man weiß, dass sie nicht eintreten werden. Es ist das perfekte Wort für einen Zeitpunkt, den man noch nicht festlegen kann, noch nicht festlegen mag. Es ist die perfekte Ausrede für Menschen, Menschen wie mich, die andere nicht enttäuschen wollen. Irgendwann ist verwandt mit vielleicht. Vielleicht treten all diese Dinge ein, die du dir wünschst. Vielleicht ist alles, was du dir vorstellen kannst, irgendwann mal vorstellen kannst. Irgendwann und vielleicht sind zwei meiner Lieblingswörter, denn ich träume viel, doch ich lege mich ungern fest, wann irgendwann sein wird, sein kann und so bleibt alles ein Vielleicht. Denn wenn ich eines nicht besonders gut kann, dann ist es vielleicht umzusetzen. So bleibe ich bei irgendwann, denn irgendwann bin ich das, was ich sein möchte.

- Irgendwann und vielleicht

Vielleicht fliegen wir nur, wenn wir fallen. Vielleicht haben wir ausreichend Zeit, um sicher zu landen. Aber vielleicht bleibt uns nicht genug Zeit, um uns zu retten. Vielleicht verletzen wir uns dabei mehr, als wir im ersten Augenblick fühlen können. Und dann bluten und bluten wir und es hört nicht wieder auf. Schließlich wischen wir es weg – in stiller Verzweiflung.

- *Fallen*

In einer Welt voller Lügen muss ich irgendwie den Durchblick behalten. Muss mich selbst beschützen, denn meiner zersplitterten Seele kann ich viele Dinge nicht mehr zumuten. Ich schneide mich daran und will mich nicht mehr schneiden. Ich will keine Pflaster mehr auf meine Wunden kleben und im Stillen meine Narben betrachten. Ich will in Sicherheit sein, denn ich kenne meine Wahrheit, ich weiß, wie oft ich schutzlos am Abgrund stand.

- *Selbstschutz*

Heute habe ich geschrien und morgen werde ich schweigen.
Heute habe ich geweint und morgen werde ich lachen.
Heute war ich allein und morgen bin ich unter Leuten.
Den einen Tag trage ich eine Maske und den anderen nicht.

Heute habe ich geschwiegen und gestern geschrien.
Heute habe ich gelacht und gestern geweint.
Heute trug ich eine Maske und gestern war ich nackt.

- *Maskengesicht*

Am Ende des Tages setzen wir alle unsere Masken ab, die wir tagsüber tragen mussten. Die wir bereitwillig getragen haben, um unseren Schmerz zu übertünchen. Wir haben uns und alle anderen wieder belogen, weil die Wahrheit manchmal zu sehr wehtut und untragbar ist.
Welche Maske trägst du morgen?

- Abgesetzt

Der Lärm im Kopf, während ich stumm die Einschusslöcher, die überall auf meinem Körper verteilt sind, zähle. Verursacht durch Wortkugeln scharfen Kalibers. Unsichtbar, nur für mich nicht. Jede einzelne Wunde kann ich spüren und sehen. Leicht blutend, dann ist da stärkerer Schmerz bis hin zum Ohnmachtsgefühl. Ich bin hier, unversehrt und doch stark verwundet. Zwischen Schein und Sein wird immer Schmerz sein.

- *Wortkugel*

Zersplittert nach innen, gefährliche, messerscharfe Löcher,
Scherben liegen zu Füßen.
Ein lautes Schweigen,
Tränen laufen sanft an ihren Wangen entlang.
Ihre schneeweiße Haut ist bedeckt.
Blut,
Gott verdammt, da ist überall Blut.
Ein stummer Schmerzensschrei.
Das Blut, es ist nicht mehr sichtbar, es ist verschwunden, in der
Zeit versickert.
Ein leises Wimmern,
große Narben, kleine Narben in ihrem Körper.
Sie ist nicht mehr klein, aber immer noch schneeweiß.
Blut,
Gott verdammt, da ist überall Blut, auf ihrem Körper, in ihrem
Körper.

- *Blut*

Ich nahm mir den besten Radierer, den ich finden konnte, um meine Bruchstellen wegzuradieren. Sie sind nach außen hin kaum noch sichtbar, aber sie sind immer noch da. Die Brüche haben zu sehr durchgedrückt.

- *Nicht nur Knochen haben Bruchstellen*

Ich malte mir mit einem hautfarbenen Stift ein sanftes Lächeln ins Gesicht. Ich schnappte mir den besten Radierer, um meine Bruchstellen wegzuradieren. Ich machte den Gipsabdruck für die gut sitzende Maske.
Ich vergaß nur meine Augen, die funkelten nicht mehr. Aber die Menschen schauen einem ohnehin nicht in die Augen.

- *Augen funkeln nicht mehr*

Es gibt unglaublich viele Arten vom Müde-Sein. Dir schießen so viele Momente in den Kopf, in denen du eine Art gefühlt hast oder gleich mehrere zusammen. Auch das hat dich zermürbt, müde gemacht.

Du schweigst, du schweigst immer wieder. Denn man redet nicht vom Müde-Sein, egal wer diese Regel irgendwann einmal festgelegt hat. Du befolgst sie stumm. Du merkst, wie die Müdigkeit in deine Knochen kriecht und sie lähmt. Du ignorierst sie, immer wieder – so lange, bis sie zu laut ist. So lange, bis sie ihren Platz einfordert, dann schreist du, weil es wehtut. Es ist laut und es dröhnt in deinem Kopf. Du spürst das Blut aus deinem Mund laufen, die schweigende Müdigkeit hat deine Zunge geschnitten.

Dann blutest du und blutest. Narben, unausgesprochene Müdigkeit hinterlässt Wunden, die zu Narben werden. Es gibt unglaublich viele Arten vom Müde-Sein und jede fordert ihren Tribut.

- *Arten der Müdigkeit*

Ich bin taub für die rettende Stimme in mir. Ich bin taub, tief in mir drin. Ich habe keine Kontrolle mehr über meine Gefühle. Die meiste Zeit fühle ich nichts tief in mir. Ich weiß, dass es mein Schutz ist. Dass ich die meisten Emotionen aus meinem Leben gesperrt habe. Meistens ist es besser, als viel zu viel auf einmal zu fühlen. Sie hat Narben hinterlassen. Die Zeit, in der ich meist viel zu viel gefühlt habe.

Ich erzähle dir von meiner Geschichte und von meinem Schmerz. Meist ist es, als würde ich eine Schallplatte abspielen. Ich rede mechanisch, jedes Wort ist genau vorprogrammiert, damit es mich nicht in Gefahr bringt. Ich erzähle dir davon, dass es mir wehgetan hat. Aber niemals wie sehr. Ich erzähle dir nichts davon, dass es mich fast umgebracht hat. Ich habe einen Maßstab, wann welche Emotionen angebracht sind. Es fällt mir nicht schwer, sie abzuspielen. Es ist ein leichtes Spiel für mich, die Emotionen anderer zu fühlen. Mich selbst zu fühlen, ungefiltert und ehrlich, das habe ich verlernt. Ich habe es vergessen hinter meiner Maske.

- *Taub hinter einer Maske*

Resignation

Du schaust mich an und sagst zu mir: »Du musst doch endlich mal vergessen, was damals passiert ist, du musst doch mal darüber hinwegkommen.« Ich blicke zu Boden und flüster leise: »Ich werde für immer das 5-jährige Mädchen mit dem Plüschhasen auf dem Arm sein, das mit einem hoffnungsvollen Blick auf dem Flur steht. Ich werde für immer das verzweifelte 6-jährige Mädchen am Krankenbett sein. Ich werde für immer das zerbrochene 7-jährige Mädchen am Grab sein. Ich werde für immer das traumatisierte Mädchen sein. Ich werde niemals vergessen und ich werde niemals darüber hinwegkommen.« Und du schweigst mich daraufhin an, denn du verstehst das nicht. Das unterscheidet uns beide, du kannst eines Tages vergessen, aber ich kann nie wieder vergessen.

- *Plüschhase*

Und wenn sie dich in ihren Krallen hat, dann lässt sie dich nie wieder gehen. Sie gönnt dir Pausen zum Atmen. Das sind die Momente, in denen du glaubst, du könntest dich irgendwann aus ihren Klauen befreien.
Du bist manchmal kurz davor, dich loszumachen. In den Momenten greift sie wieder zu und hält dich ganz fest. Du hast Angst davor, nie wieder entkommen zu können. Doch du weißt, dass es für dich fast unmöglich ist. Denn du hast es so oft versucht, und jeder Versuch ist gescheitert.

- *Du hältst mich fest*

Ich habe gesagt, ich möchte gesund werden, und ich habe das auch immer so gemeint. Mir fehlte nur schon immer die Vorstellung, wie das funktionieren soll. Ich wollte so sehr gesund werden, dass ich übersehen habe, wie ich etwas Unerreichbarem hinterherrenne. Als mir das bewusst wurde, habe ich nicht aufgehört zu weinen. Ich hatte wieder das Gefühl, nur eine dumme Marionette vom Leben zu sein. Meine Mitmenschen wünschen mir weiter, dass ich gesund werde, und ich, ich wünsche mir das auch, obwohl ich die Wahrheit kenne. Also fing ich an zu lügen, weil ich ihnen nicht wehtun wollte. Ich bin ihnen wichtig und das berührt mich.

- *Fehlende Vorstellung*

Und so lag ich wach in meinem Bett, im Begriff fast einzuschlafen. Da klopfte es in meinen Gedanken. Ich sagte leise: »Herein!« Es offenbarte sich ein kleines Monster und es flüsterte: »Hey kleines Mädchen, so allein?« Ich nickte, also sprach es weiter: »Ich kann immer bei dir sein, du fürchtest die Einsamkeit, nicht wahr?« Wieder nickte ich. Es fuhr fort: »Nun gut, dann gehe ich nie mehr fort, nur dieser kleine Preis ist zu zahlen.«
Also zog es ein und machte sich häuslich. Der kleine Preis wurde unbezahlbar, denn das kleine Monster blieb nicht immer so nett. Und selbst wenn es nicht mehr auszuhalten war, ging es nicht mehr weg.

- *Monsterchen*

Ich habe mir nie die Frage gestellt, warum die Monster in meinem Kopf zu Hause sind. Ich wusste immer, warum sie irgendwann eingezogen sind. Unter meinem Bett haben sie sich nie richtig wohlgefühlt. Also sind sie irgendwann zwischen meine Kuscheltiere gezogen, um dann in meinem Kopf zu landen. Ich glaube, da fühlen sie sich immer noch wohl.

Mittlerweile sehen sie oft groß und bedrohlich aus.

Rausschmeißen? Ich versuche oft, sie vor die Tür zu setzen. Sie können ihre Miete oft nicht mehr bezahlen. Aber sie sind hartnäckig, so wie Mietnomaden. Dann flüstern sie, sie hätten kein anderes schönes Zuhause. Sie bleiben.

Ich versuche, mich weniger über sie zu ärgern, sie weniger von meinem Leben bestimmen zu lassen. Aber ich habe mir nie die Frage gestellt, warum sie eingezogen sind, und auch nie, warum sie nie wieder ausgezogen sind. Ich weiß die Antwort, immer.

- Mietnomaden

Ich kann mich sehr genau an das erste Mal erinnern, als ich mit der Angst im Bauch ins Bett gegangen und wieder mit ihr aufgewacht bin. Ich habe sehr schnell aufgehört, die Nächte zu zählen. Denn es gab wenige Nächte, in denen ich ohne Angst ins Bett und ohne wieder aufgewacht bin. Die Bauchschmerzen sind ein monotones Summen im Hintergrund. Sie sind immer da.

- *Angst im Bauch*

Ich habe diese Lügen so satt, ich höre auf, mir die Scheiße schönzureden. Deine Worte schmecken bitter auf meiner Seele. Du hast dir immer noch nicht die Zunge verbrannt, an all deinen gelogenen Buchstaben. Warum zur Hölle ist sie so robust? Sie müsste längst taub sein, du dürftest sie nicht mehr fühlen. Du sollst aufhören, mir immer wieder einen Floh ins Ohr zu setzen. Lügen zerstören Seelen. Du bist ein Narr, du machst dich immer wieder lächerlich. Du machst dich immer wieder so lächerlich, Hoffnung, mit jedem geflüsterten Wort, das du mir ins Ohr raunst. Immer wieder hast du gesagt, dass alles gut wird. Wir beide wissen, dass du gelogen hast, dass du immer wieder gelogen hast. Viel zu lange war ich zu töricht und habe dir immer wieder geglaubt, weil ich es nicht besser wusste. Hoffnung, du bist eine verdammte Lüge.

- *Hoffnung, du bist ein Narr*

Tanz, Flamme, tanz einen kleinen Augenblick. Ich werfe alles rein, es lodert, es brennt.

Tanz, Flamme, tanz nur für mich. Ich habe mich viel zu oft an dir verbrannt.

Jetzt verbrennst du das, was ich dir von mir gebe. Heute habe ich dich in der Hand, einen kurzen Moment.

Tanz, Flamme, tanz bis zum nächsten Morgengrauen, brenn durch die Nacht. Ich möchte, dass du alles vernichtest, was ich dir von mir gab. Am Morgen stand ich in Flammen und wir tanzten zusammen.

Tanz, Flamme, tanz ein letztes Mal nur für mich.

- *Flammentanz*

Schweig, Leben, schweig einen kleinen Augenblick. Ich kann deine Lügen nicht mehr hören.

Schweig, Leben, schweig einen Atemzug. Ich halte dich nicht mehr aus.

Ich habe dir alles gegeben, meine Hoffnung, mein Vertrauen, mein Herz, meine Seele.

Schweig, Leben, schweig bis zum nächsten Atemzug. Ich kann dich nicht mehr tragen, du bist untragbar für mich.

Schweig, Leben, schweig, die Linie ist bewegungslos. Ich kann mit dir nicht mehr tanzen, ich tanze mit den Flammen.

- Schweigendes Leben

Ich bin wie gelähmt an mein Bett gefesselt. Ich habe keinen Anreiz, es zu verlassen. Heute muss ich nicht funktionieren, also warum sollte ich die angenehme Wärme verlassen? Die Welt ist viel zu kalt für mich. Ich habe keine Lust, daran zu erfrieren.
Also bleibe ich liegen, zu meiner Sicherheit. Ich bin keine von den Mädchen, die Girls run the world sind. Ich bin eher eine von denen, die oft genug an ihrem Selbsthass fast ersticken.

- Don't run the world

Manchmal brechen unsere Seelen und meistens wachsen sie sehr schief und krumm wieder zusammen. Es gibt keinen Gips und keine Schienen für gebrochene Seelen, es ist nicht erkennbar, nicht sichtbar. Aber man hat Schmerzen, wenn die Dinge nicht wieder richtig zusammenwachsen. Manchmal begleitet uns der Schmerz für immer, egal ob gebrochene Seele oder Knochen. Schmerz bleibt Schmerz. Das eine wird gesellschaftlich akzeptiert, das andere verpönt und ignoriert.

- *Schmerz ist Schmerz*

Die Schwere deines Parfums bleibt an mir hängen. Die Süße deiner Worte haftet an mir. Der klangvolle Laut deines Lachens ertönt immer wieder in meinem Herzen. Die Wärme deines Herzens lullt mich sicher ein. Das, was bleibt, ist Abschied auf Zeit.

Die Schwere seines Parfums blieb an ihr hängen. Die Süße seiner Worte haftete an ihr. Der klangvolle Laut seines Lachens ertönte immer wieder in ihrem Herzen. Die Wärme seines Herzens lullte sie sicher ein. Er war vielleicht einer der besten Menschen, den sie jemals kannte. Das, was blieb, war Abschied auf Zeit.

- *Abschied auf Zeit*

Vielleicht ist Verzweiflung die Sekunde, in der sich alles wendet und man begreift, dass nichts, aber auch gar nichts auf dieser Welt, von Dauer sein kann. Dass alles irgendwann zerbricht, zerfällt, verbrennt oder verrostet.

- *Verzweiflung*

Sonnengedanken

Es schlägt ruhig und beständig in meiner Brust, das Herz. Manchmal verstehe ich das nicht, manchmal fühlt es sich an, als müsste es jeden Augenblick zerspringen. Aber es schlägt weiter, ruhig und beständig. Es beruhigt mich ein wenig und ich halte mich daran fest, an dieser Beständigkeit.

- *Das Herz*

Manchmal habe ich das Gefühl, endlich wieder ein bisschen atmen zu können. Ich atme ein und schmecke Zuversicht. Die Hoffnung füllt meine Lungen und auch mein Herz. Der Schmerz ist beim Gasaustausch in den Bronchien ein wenig abgebaut worden.
Ich atme aus und fühle mich befreit. Vielleicht habe ich doch noch eine Chance.

- *Atme ein, atme aus*

Ich stehe mit beiden Beinen auf dem Boden, manchmal stolpere ich. Aber das hält mich nicht mehr auf. Ich atme das Leben, weil ich ein Teil von ihm sein möchte. Das Leben und ich können manchmal doch Kompromisse eingehen. Vielleicht nicht für immer, aber zur Zeit sehr gut. Also stehe ich sicher mit beiden Beinen auf dem Boden und warte darauf, die nächste Welle zu reiten.

- *Von Welle zu Welle*

Ich bin mehr als das Mädchen aus deinem Schmerztrophäenschrank, mehr als die Schmerztrophäe. Wenn du nachts schläfst, besuche ich dich in meinen Träumen. Meine Augen funkeln vor Wut, Abrakadabra Karma, dreimal schwarzer Kater fickt, Simsalabim, dich. Danach verschwinde ich wieder, denn meine Schandtaten bleiben unerkannt. Ich werde nicht gerne mit dem Bösen in Verbindung gebracht. Viel zu gerne verliere ich mich manchmal in meinen Rachegedanken. Vergiss eines nicht: Jeder hat einen Preis zu bezahlen. Vielleicht war deiner zu hoch, vielleicht kannst du ihn diesmal nicht mehr bezahlen. Abgerechnet wird zum Schluss.

- Mädchen aus dem Schmerztrophäenschrank

Ihr redet davon, dass ich mir doch endlich mal einen Partner suchen soll, mich endlich verlieben soll. Aber warum sollte ich mich wieder einem Löwen zum Fraß vorwerfen? Warum sollte ich mich wieder belügen, betrügen und verlassen lassen? Warum sollte ich mir wieder selbst Schaden zufügen? Ich bleib alleine, aus gutem Grund. Ich habe selten in meinem Leben mit Liebe etwas Positives verbunden. Meistens bedeutete es Stress, Ablehnung, Unehrlichkeit und am Ende des Tages endete es oft mit Selbsthass.

Ich habe immer geglaubt, man könnte mich nicht lieben, ich sei es nicht wert. Aber vielleicht ist das alles meine Stärke und eure Schwäche. Ich habe aufgehört, meinen Wert über einen möglichen Partner zu definieren. Ich definiere mich ganz über mich alleine. Es ist mir egal, wenn das so für immer bleibt. Also warum zur Hölle sollte ich dieses Risiko je wieder eingehen? Ich bin allein gut, so wie ich bin.

- *Alleine besser dran*

Mein Leben besteht in erster Linie daraus zu akzeptieren, dass ich nicht in gesellschaftliche Normen passe. Ich habe noch nie in Normen gepasst, obwohl ich es so viele Jahre zwanghaft versucht habe. Es hat mich unglücklich gemacht. Der Drops ist gelutscht, das war er schon vor langer Zeit. Also versuche ich jetzt, meine eigenen Normen zu kreieren. In diese muss niemand anderes hineinpassen, nur ich allein. Manchmal macht es mich traurig, abseits der Normen zu sein. Oft fühlt man sich allein. Aber es wird weniger, je glücklicher man in seinen eigenen wird. Weil man nie wieder das Gefühl haben muss, ich passe nicht zu den Leuten, ich passe nicht in das Leben, ich passe nicht auf diese Welt.
Ich passe überall hin, wo ich sein will!

- Meine Normen

Dinge, die ich in der Therapie gelernt habe:
- Ich werde immer Narben haben, aber ich muss sie nicht hassen.
- Meine Wunden werden immer wieder bluten, aber ich weiß jetzt, wie ich sie versorgen kann.
- Andere und auch ich selbst werden immer wieder versuchen, meine Grenzen zu überschreiten, aber ich kann sie jetzt besser ziehen.
- Ich habe das Recht, gut behandelt zu werden.
- Es ist okay, andere Bedürfnisse zu haben.
- Es ist okay, wenn Dinge wehtun.
- Es ist okay zu weinen.
- Es ist okay, die Emotion zu fühlen, nach der mir gerade ist.
- Ich darf meine Meinung sagen, wenn ich etwas zu Dingen sagen möchte.
- Es ist okay, so zu leben, wie es sich ein Großteil der Gesellschaft nicht vorstellen kann.
- Ich darf mich selbst lieben.
- Ich darf mich selbst wertschätzen.
- Ich darf stolz auf mich sein.
- Ich darf toxische Bindungen kappen.
- Ich stelle mich nicht an, sondern habe Erkrankungen.
- Ich darf Ängste haben, die andere nicht nachvollziehen können.
- Ich darf alles in meinem Tempo machen.
- Ich darf so frei sein, wie ich möchte.

- *Therapiegelaber*

Es war ein wunderschöner Abend. Der Himmel küsste die Sonne und das Licht küsste meine Haut, die letzten Sonnenstrahlen mein Gesicht. Die Kulisse strahlte Zuversicht aus. Ich hatte sie auch in diesem einen Moment. Ich wollte sie festhalten. Das Gefühl von Ich kann alles schaffen. Aber ich konnte es nicht halten, nicht festhalten. Es entglitt mir sanft aus der Hand. Alles so wie immer, bis zum nächsten wunderschönen Abend.

- Er küsste die Sonne

Kalte Nachtluft streift ihr Gesicht, ihr Kopf neigt sich nach oben zu den Sternen. Die Nacht ist klar, keine Wolke am Himmel. Es ist eine von den guten Nächten. Eine von den Nächten, in denen sich nichts zwischen sie und ihren Sternen stellen kann. Sie sucht nach dem, der am hellsten strahlt. Als ihre müden Augen ihn endlich erblicken, beginnt sie ihren Monolog. Sie spricht von Sehnsucht und Liebe, sie flüstert von Schmerz und Trauer. Sie schreit von Hass und Wut. Tränen fließen über ihre Wangen, ein Murmeln verlässt ihre Lippen: »Ach, April!« Die kleine Amsel im Gebüsch, die ihr zuraunt: »Ich bin bei dir, du bist nicht allein.« Sie fühlte sich kurz nicht einsam, denn da waren die Sterne und die Amseln und die waren wirklich wundervoll.

- *Von Sternen und Amseln*

Maybe spring, nächsten Frühling vielleicht. Ganz bestimmt, wenn alles in seiner Blütezeit ist. Vielleicht kommt dann auch eine Blütezeit für mich.

- *Nächsten Frühling vielleicht*

Vielleicht finde ich meine Stimme wieder. Vielleicht ist sie dann stark genug und bricht nie wieder weg. Vielleicht ist sie dann gut genug, um in jede Höhe zu kommen. Vielleicht ist sie dann stabil genug, um jeden Sturm zu überstehen, der über mich hereinbricht.

- *Wiederfinden*

Also bastel ich Herzen, in der Hoffnung, irgendwann genug
Liebe für mich selbst übrig zu haben. Auch wenn es dieses Jahr
so viel mehr als die ganzen Jahre zuvor ist, so weiß ich doch,
dass es immer noch viel zu wenig ist, um ein ganzes Leben
damit zu bestehen.

- *Origami*

Die gesprochene Sprache,
Die verstandenen Worte,
Die schweigende Stille,
Die brüllende Stille,
Die unangenehme Sprache,
Die verurteilenden Worte,
Die anklagende Stille,
Die ruhige Stille,
Die fremde Sprache,
Die falschen Worte,
Die angenehme Stille,
Die gleiche Sprache,
Die flüsternden Worte.
Was bleibt, wenn wir fallen?

- Verstehst du meine Worte in jeder Sprache, auch wenn es still ist?

Ich versuche, damit klarzukommen, wenn die Dinge gut laufen. Ich versuche, nicht in Panik auszubrechen, weil ich mit dem Gefühl nicht gut umgehen kann. Ich traue mich selten, positive Sachen auszusprechen, weil ich Angst habe. Angst davor, dass das Leben sie mir wieder wegnehmen könnte. Ich werde misstrauisch, wenn längere Zeit nichts passiert, was meine Welt aus den Angeln hebt.

Also neige ich dazu, mir manchmal alles selbst kaputtzumachen. Weil es mir so viel leichter fällt, mit diesen Emotionen klarzukommen. Es ist wie zu Hause sein, wenn alles auf einem neutralen Level ist. Kein Stress, keine Aufregung, einfach nur Ruhe. Aber ich versuche zu lernen, mit positiven Gefühlen besser klarzukommen. Immer öfter erwische ich mich dabei, wie ich positive Dinge ausspreche und viel seltener Angst habe. Angst davor, dass mir das Leben wieder alles wegnehmen wird.

Ich versuche, weniger misstrauisch zu sein. Dabei merke ich, wie ich innerlich entspannen kann. Denn ich war nichts anderes als immer auf der Hut, immer in Angriffsposition, immer dazu bereit, mich zu verteidigen. Aber auch davon kann man unendlich müde werden. Also versuche ich, alte Ketten zu zersprengen und neue Muster in meinen Ablauf zu programmieren. Es bleibt ein weiter Weg, aber ich würde ihn so gerne gehen.

- *Neuer Weg*

Auf die Frage, ob ich mir das alles vorgestellt habe, will ich laut Nein! antworten, aber ich flüstere lieber. Auf meinem Weg habe ich die Stimme verloren.

Natürlich wollte ich so nie leben. Aber irgendwann, hat es keine Rolle mehr gespielt, was ich wollte. Ich musste hinnehmen, mich anpassen. Preise bezahlen, die unbezahlbar wurden. Träume, Wünsche begraben, weil es wehtat, wenn sie unerreichbar wurden. Irgendwann ging es eben nur noch ums nackte Überleben. Das Gefühl von einem verlorenen Leben ließ sich nie wieder abschütteln.

Also nein, ich wollte das nie. Aber manchmal geht es nicht um das, was wir wollen, sondern um Akzeptanz. Akzeptanz der Dinge, die etwas so verändert haben, dass es keinen Weg zurück zum Startpunkt gibt. Ich weiß, dass mich das Leben kaputt gemacht hat. Aber manchmal, wenn ich im Reinen mit mir selbst bin, dann ist es okay.

- *Dann ist es okay*

Aber vielleicht ist es das Gute und auch das Schlechte. Es hat mir immer viel zu viel bedeutet, um einen Schlussstrich zu ziehen. Es bedeutet mir immer noch viel zu viel. Eigentlich will ich es gar nicht laut aussprechen. Aber einmal länger auf der Sonnenseite, das wäre schon ganz schön.

- *Sonnenseite*

April ist für immer

Du musst nicht reden, um einen Raum auszufüllen. Dein Schweigen sagt mehr, als es Worte je könnten. Und so bist du unsterblich an jedem Ort.

- *Du bist überall, April*

Und vielleicht hast du so etwas wie Glück empfunden. Aber woher soll ich das auch wissen, wenn ich mich an deine Worte, deine Gesten nicht erinnern kann?

Es gibt diese Tage, die wehtun. Aber warum sollte ich diesen Schmerz teilen, wenn er nicht verstanden wird? Wenn er nicht tragbar ist für andere und vor allem untragbar bleibt für mich.

- Du fehlst an diesen Tagen

Du hast mich gelehrt, keine Angst vor Gewitter zu haben. Du meintest: »Manchmal muss es laut sein, damit es danach wieder still sein kann. Manchmal muss es explodieren, damit es danach zur Ruhe kommen kann.« Dann hast du mir erklärt: »Die warme Luft streitet sich mit der kalten Luft. Das müssen sie manchmal tun, damit sie sich danach wieder vertragen können.« Ich hörte auf, Angst davor zu haben, weil es danach immer friedlich war. So friedlich, wie wenn ich in deinen Armen lag.

- Blitz und Donner

»Puste, meine kleine Hexe, mit deiner ganzen Kraft!«, sagte sie lachend. Ich gab mir Mühe, ganz große Seifenblasen zu machen. Immer wieder misslang es mir. Aber April hörte nicht auf, mich anzufeuern. Als es mir endlich gelang, waren wir beide stolz. Es gab nichts Schöneres, als mit ihr auf der Wiese oder dem Balkon zu stehen und Seifenblasen zu pusten.

- *Seifenblasen*

Ich will das nicht. Ich will das nicht. Ich will das nicht. Diese Worte hörte ich mich immer wieder sagen und eigentlich habe ich auch nie wieder damit aufgehört. Manchmal war ich kurz davor, mir die Schuld an der Misere zu geben. Doch ich trage keine Schuld alleine, an manchen Dingen gar keine. Ich wollte schon immer eine Antwort, warum die Dinge so passiert sind, wie sie liefen, wie sie mich zerstörten. Ich fand selten eine. Ich ertrank im Schmerz, am Schmerz. Ich bin der Schmerz, eine Handlung von Zufällen.

- *Ertrunken im Schmerz*

Ich sitze mit meinem Plüschhasen auf der Bank und denke über dich nach. Seit du weg bist, April, geht das Leben immer weiter bergab. Manchmal lache ich darüber, weil es nichts bringt zu weinen.

Seit du weg bist, April, ist da dieses Loch im Herzen, das immer größer wird, je mehr Zeit vergeht.

Seit du weg bist, April, fühle ich so einen starken Schmerz, den ich mir niemals vorher vorstellen konnte.

Seit du weg bist, April, schauen mich andere Menschen oft komisch an, weil ich merkwürdige Sachen sage oder mache, einfach weil ich anders bin.

Seit du weg bist, April, weiß ich, was Hoffnungslosigkeit bedeutet.

Seit du weg bist, April, tut es weh, am Leben zu sein.

Dein Verschwinden war der Anfang vom Ende.

- Seit du weg bist

Wenn man von deiner Liebe nur etwas in ein Marmeladenglas hätte stecken können, dann wäre sie für immer konserviert. Dann könnte ich es an mich drücken, wenn ich wieder einmal daran zweifle. Dann müsste ich mich nicht immer fragen, ob du mich geliebt hast. Ob du wirklich glücklich warst mit uns. Denn je mehr Zeit verstreicht, desto lauter werden die Zweifel. Die Zweifel an einer Zeit, an die man sich gar nicht mehr so genau erinnern kann.

Ich hätte gerne ein Marmeladenglas von deiner Liebe, das nie schlecht wird. Und immer, wenn ich daran zweifle, möchte ich davon kosten.

- *Marmeladenglas voll Liebe*

Du weißt es, April, du weißt es wie ich. Du bist gegangen, als es am schönsten war. Und ich würde so gerne aufhören, mir die Frage zu stellen: Warum wir? Manchmal denke ich nicht mehr darüber nach, denn es ist Normalität. Aber manchmal da tut es immer noch weh und dann schreit es im Kopf. Wie konntest du gehen, wo wir doch gerade glücklich, zusammen und voller Liebe waren? Du bist gegangen, als es am schönsten war.

- *Wie konntest du gehen?*

Wir hatten Pläne, so viele Pläne. Aber das Leben hat sie uns einfach weggenommen. Wir hatten uns und wir waren glücklich. Wir wollten so viel zusammen erleben und zurück blieb nur ein Scherbenhaufen. Der Schmerz und die Leere. Wir hatten uns. Warum hat das Leben uns das genommen?

- *Pläne*

Ich habe in deinem Blick gesehen, dass du dich irgendwie an mich erinnern kannst, also fragst du mich: »Und wer bist du gleich noch mal?« Ich antworte: »Ich bin June Spring.« Du musst lachen: »Oh June, ich erinnere mich an dich, du bist unglaublich groß geworden.« Ich setze leise hinzu: »Und kaputt gegangen zwischen den Welten.« Du bist irritiert, also fragst du mich: »Was meinst du damit, zwischen den Welten?« Darauf antworte ich dir: »Ich bin irgendwann zwischen Leben und Tod zerrissen.« Aber du verstehst das nicht und fragst mich: »Wie kann man zwischen beiden zerreißen, die Menschheit fürchtet sich vor dem Tod.« Ich bin müde vom vielen Erklären: »Das Leben hatte mir irgendwann nicht mehr genug zu bieten. Da war zu viel Schmerz, Trauer und Wut. Außerdem ist April nicht mehr hier. Sie ist fort. Ich war und bin zerrissen zwischen April und July, Leben und Tod. Ich stehe in der Mitte, schon so unglaublich lang.«

- *Zwischen April und July*

Mein Leben ist unterteilt. Es gibt ein davor, dazwischen und danach. Ein Leben mit April, eine Phase der Hoffnung und ein Leben nach April.

An davor kann ich mich kaum erinnern. Dazwischen hat mich sehr gezeichnet. Danach hat meine Seele zersplittert. Es zermürbt mich im Danach zu sein. Denn meine Gedanken springen oft zu davor und dazwischen. Es gab nie einen weichen Übergang, sondern immer nur einen harten Aufprall. Meine Hämatome von der Landung sind nie wieder abgeheilt.

- *Davor, dazwischen und danach*

Es ist Dezember und ein neuer Tag beginnt. Ich werde wach von dem Klingeln an der Tür. Erst wundert es mich, aber dann denke ich, dass es deine Freundin ist, die dich abholen will. Entgegen meiner Gewohnheit bleibe ich in meinem Zimmer. Ich bin noch müde und drehe mich erneut in meinem Bett um, aber schlafen kann ich nicht mehr. Es macht sich Unruhe in mir breit und erst verstehe ich nicht wieso. Dann höre ich Stimmen im Flur. Von Männern, die ich nicht kenne.

Ich warte, bis die Wohnungstür zufällt. Ich verlasse mein Zimmer, das gleich an der Wohnungstür liegt, und suche April und July. Ich finde July verzweifelt im Wohnzimmer und frage ihn: »Wo ist April?« Er schaut mich an und murmelt: »Sie ist im Krankenhaus, aber es wird alles wieder gut werden.« Da wusste er noch nicht, was passiert war. Er glaubte daran und ich, ich glaubte auch daran, weil er mir sagte, dass alles wieder gut wird. Danach habe ich April wochenlang nicht gesehen und als ich sie endlich wiedersehen durfte, verstand ich die Welt nicht mehr. Da waren überall Kabel und sie sprach nicht mehr mit mir. Ich hielt Septembers Hand fest, drehte mich um und verließ ratlos das Zimmer. Alles war ungewiss. Ich wusste nicht mehr, was ich fühlen sollte. In der Hoffnung fand ich das richtige Gefühl.

Ich hatte ja keine Ahnung, wie sehr sie mich wegen meiner kindlichen Naivität noch verraten würde. Vorher aber würde sie mich über zwei Jahre hinhalten.

- April lebt, irgendwie

Es war ein Tag im Januar. September sprach die Worte aus, die ich niemals hören wollte. Ich schrie ihn an, dass er aufhören sollte, mich zu belügen. Ich wurde panisch und versuchte, schnell aus meinem Hochbett zu klettern. Ich suchte July und fragte ihn, ob es wirklich wahr sei. Er nickte nur. Ich sah den Schmerz in seinen Augen. September hatte mich nicht belogen. Er hatte nicht gelogen.

Dann schrie ich. Tränen begannen über meine Wangen zu laufen. Ich fing an zu reißen, zwischen Leben und Tod zu zerreißen. Was war dieses Leben wert ohne April? Nicht viel. Ich wusste, dass es vorbei ist. Alle Chancen sind verkackt.

September war 5 ¼ und ich 7 ½. Es war der Anfang vom Ende.

- *Anfang vom Ende*

Ein Tag im Februar, den genauen weiß ich heute nicht mehr. Meine Beine waren müde davon, meinen Körper zu tragen, und meine Hand war müde davon, Septembers Hand zu halten. Aber er brauchte sie, ich war sein Anker und ich? Ich war haltlos, denn mein Anker hat sich in seiner Trauer verloren und hielt sich jetzt an mir fest. Natürlich war ich nicht bereit für den Tag. Welches 7 Jahre alte Mädchen wäre das schon? Es war jetzt meine Realität und das galt es zu begreifen und zu akzeptieren.

An dem Treffpunkt waren viele Menschen, einige kannte ich kaum. Sie alle schüttelten meine Hand und sprachen die gleichen Worte zu mir. Ich nickte ihnen zu, aber sie erreichten mich nicht. Ich wusste nicht, wie der Schmerz jemals für mich aushaltbar sein würde, und so begriff ich, dass ich untragbar bin. Für niemanden und vor allem, dass ich mich eines Tages auch nicht mehr selbst tragen kann. Aprils Tod machte mich sonderbar und in erster Linie machte er mich kaputt. An die Zeremonie kann ich mich kaum noch erinnern, aber ich saß in der ersten Reihe. Wie passend, denn ich hatte das Gefühl, neben mir zu stehen, ich verlor das Gefühl, mich zu fühlen. Ich schaute mir zu, wie ich weiter atmete, und hoffte, der Film würde bald enden. Natürlich tat er das nicht. Wir gingen weiter und ich klammerte mich an eine Tante, sie gab mir immer wieder neue Taschentücher. Ich versuchte, an diesem Tag einen neuen Anker zu finden, ich habe versagt.

Denn keiner meiner Anker hielt mich genug fest. Mit dem Niederlassen der Urne war alles besiegelt und vorbei.

Ich fühlte mich, als würde mein Herz gleich aufhören zu schlagen. Vor mir saß eine Amsel und flüsterte mir zu: »Ich bin bei dir, du bist nicht allein!« Also atmete ich durch und fühlte mich kurz nicht einsam. Du hättest das schönste Grab verdient, stattdessen hast du einen anonymen Scheißdreck bekommen.

Ich war da nie, es war kein Ort, nirgends stand dein Name. Es war leicht für sie, dich zu vergessen, als hätte es dich nie gegeben. Aber ich, ich konnte das alles nicht vergessen, ich konnte nicht darüber hinwegkommen. Sie hatten dafür kein Verständnis und da wusste ich, dass ihre Worte Lügen waren, die sie mir bei der Zeremonie zugeraunt haben. Sie haben mich belogen, immer und immer wieder, und sie waren niemals Anker für mich. Ich war allein und das Leben tat so weh.

Ich bin immer noch Septembers und Julys Anker. Das Leben tut oft immer noch weh und darüber hinweg komme ich immer noch nicht. Aber du bist bei mir, April, in meinem Herzen.

- Anonymer Scheißdreck

April war meine Mutter. April ist immer noch meine Mutter.
April war Mama, aber für mich ist sie nur noch April. Ich kann
mich an Mama kaum noch erinnern. Sie ist fort, mir entglitten.
Ich weiß nicht mehr viel von ihr. Ich war zu jung und sie
schwiegen alle lieber, als mit mir darüber zu reden.
Also fing ich nach unglaublich vielen Jahren an, meinen ganzen
Schmerz und die Trauer in April zu verwandeln. Denn das Leben
nach Mama kann ich nicht vergessen. Es tut ständig weh und es
ist launisch. Es ist wie der April, ihr Geburtsmonat. Das Leben
mit Mama ist nur noch eine Blase. Die letzte Seifenblase, die wir
zusammen gepustet haben.

- *April war meine Mama*

Wir sitzen auf einer Bank, umgeben von vielen Menschen. Du sprichst mit mir, doch deine Worte erreichen mich nicht. Denn da steht sie, die vierköpfige Familie. Mama, Papa, ein Junge und ein Mädchen. Ich wende meinen Blick ab und schaue dich an, dann flüstere ich dir zu: »Wir waren auch mal zu viert. Wir waren April, July, September und June.« Ich lächle ein wenig dabei, weil es gut war, komplett zu sein. Aber dann verliere ich mein Lächeln, weil es sich komisch anfühlt, sich ständig nicht komplett zu fühlen, weil es wehtut, oft daran erinnert zu werden.

Du blickst mich an und fragst: »Gewöhnt man sich irgendwann daran?« Daraufhin muss ich lachen und sage: »Nein, nie, es ist immer da.« Du flüsterst: »Du lachst nur, weil es dir so wehtut, und du denkst, dass es vielleicht irgendwann weniger schlimm wird, wenn du anfängst, darüber zu lachen.« Ich nicke sanft, denn es ist die Wahrheit. Ich lache darüber, weil ich hoffe, dass es irgendwann weniger wehtut.

- Wir waren auch mal zu viert

Wer meine Mutter ist? Ich kenne sie nicht. Doch schon, ich habe Fotos, Videos, schwache Erinnerungen, schließlich habe ich 5 Jahre mit ihr in einer Wohnung gelebt und 2 weitere Jahre habe ich sie oft besucht. Aber wer sie wirklich war, kann ich wahrlich nicht beantworten. Es ist ein ungeklärtes Mysterium in meinem Kopf. Was ich von ihr habe, kann ich nur erahnen. Darüber sprechen, war wenig erwünscht, über die letzten Jahre ist es einfacher geworden. Ich habe etwas weniger das Gefühl, ich wäre vom Klapperstorch. Kleine Brotkrumen werden einem vor die Füße geworfen, aber davon wird man nicht satt.
Ich habe keine Vorstellung mehr, wie es war, wie es sein könnte. Sie schwiegen, sie haben immer nur geschwiegen und meistens schweigen sie noch immer. Dabei war ich doch ihr kleines Kind, mit dem Recht, so vieles zu wissen.

- *Klapperstorch*

Es gab so viele Frauen nach dir, April. Jeder gab ich die Chance, einen Platz in meinem Herzen einzunehmen. Jede von ihnen wuchs mir ans Herz. Jede gab mir die Hoffnung, dass wir auch wieder zu viert sein könnten. Ich mochte den Gedanken daran, wieder komplett zu sein. Aber sie gingen alle wieder, sie blieben nie lange. Am Ende waren wir ihnen nie wichtig genug. Oder wir waren ihnen einfach zu kaputt. Sie sind gegangen, weil du uns vorher verlassen hast. Weil dein Verschwinden uns zerstört hat. Irgendwann war ich müde von all den Versuchen. Ich bat July, damit aufzuhören. Ich hatte längst erkannt, dass wir uns zu dritt finden mussten, damit wir weiter bestehen können. Dass wir damit aufhören müssen, nur Lücken zu füllen. Er tat mir den Gefallen und ich hatte endlich das Gefühl, zur Ruhe zu kommen. Dabei sah ich die Wahrheit. Keine war so wie du, April, weil du einzigartig warst. So wie jeder von uns einzigartig ist. Und dass ich dich nie wieder irgendwo finden würde, weil du für immer verschwunden bist.

- *Niemand ist wie du*

Dann war da die Zeit, in der ich einfach nur vergessen wollte, dass es dich gab. An dich zu denken, bedeutete Schmerz und das Bewusstsein, ein anderes Leben zu haben. Es nahm die Illusion, dass ein normgerechtes Leben doch noch möglich war. Also schwieg ich über dich, denn wir waren ohnehin schon entfremdet. Ich hatte wenig Erinnerung an unsere Zeit und du warst schon viel zu lange fort.

Sie redeten nie über dich und Fragen waren selten erwünscht. Also trennten sie uns noch mehr voneinander. Sie taten ohnehin fast alle so, als wäre es keine große Sache. Als wäre es etwas, über das man eben mal schnell hinwegkommt. Ich war nur das Mädchen mit der toten Mutter. Der Satz hallt heute noch in meinem Kopf nach. Dann waren da noch die anderen Frauen und ich wollte ihnen doch eine faire Chance geben. Ich musste verdrängen, dass es dich gab, weil ich sonst daran kaputt gegangen wäre. Es war töricht von mir zu glauben, dass dieser Plan jemals aufgehen würde. Denn immer, wenn ich es doch tat und an dich dachte, vermisste ich dich. Dann löste der Schmerz kleine Explosionen in mir aus. Jedes Mal musste ich danach meine Fragmente zusammensuchen. So ist es immer noch. Immer wenn ich an dich denken muss, zerspringt etwas in mir. Dabei will ich dich doch gar nicht mehr vergessen. Ich will doch alles über dich wissen, damit du aufhörst, mir fremd zu sein. Damit wir uns nicht weiter entfremden. Damit du endlich meine Mama sein kannst und ich dein kleines Mädchen.

- *April ist für immer*

Zu viel Liebe

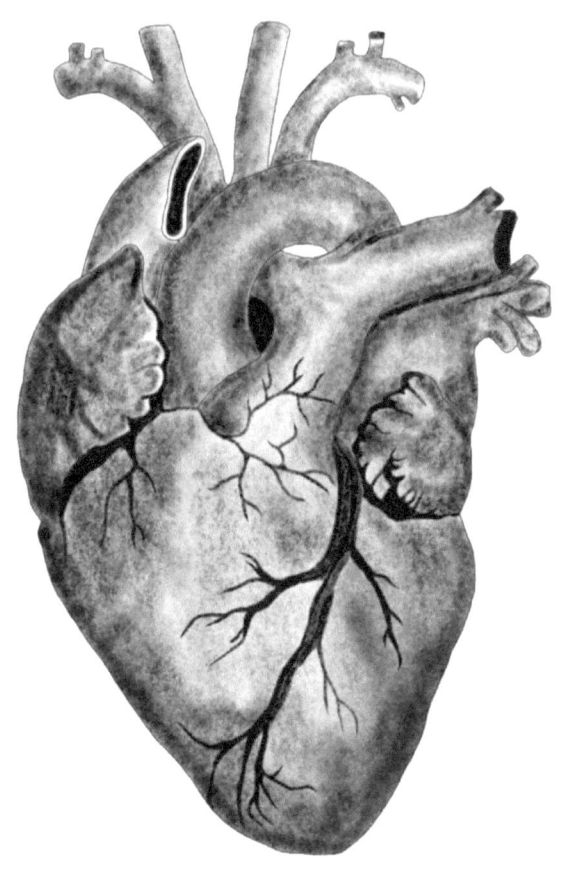

Vielleicht bist du mein größtes Geschenk vom Leben – für das, was es mir genommen hat. Ihr teilt euch den April. Du bist meine Konstante. Ich habe dich im Kinderwagen geschoben, als du endlich da warst. P. wollte, dass du so heißt wie ich. Ich erinnere mich daran. Unsere Mütter haben deinen Bruder und mich immer zusammen aus der Kita abgeholt. Ich empfinde immer Glück, wenn ich daran denke. Ja, ich war ungefiltert glücklich, weil es nur Sonnenschein gab, alles war gut so, wie es war.

Monate später hast du mich mit deinem Dasein getröstet. Ich hatte damals schon so viele Tage, an denen ich nicht mehr wollte, aber du hast mich gebraucht, du warst so vernarrt in mich. Manchmal warst du traurig, wenn du mir nicht überall mit hin folgen durftest. Ich habe mich in diesen Momenten geliebt und ausreichend gefühlt. Die Zeit im Hof bleibt für mich auch unantastbar, das Ende vergiftet diese Erinnerung auch nicht. Ich weiß, dass es mir dabei geholfen hat, damals zu überleben. Ihr seid alles für mich gewesen, aber vor allem du. Natürlich hatten wir schwere Zeiten, doch du hast so oft mit Loyalität geglänzt. Du bist meine Schwester, wir teilen kein Blut, aber Liebe. Wir teilen uns Liebe für immer. Ich sage leise zu dir: »Kann mich jemand retten?« Und du schaust mich traurig an und sagst: »Wir dürfen nicht darauf warten, gerettet zu werden, wir müssen uns alleine retten, um zu überleben. Wenn es leichter wäre, würde ich dich immer wieder retten.«

Wie könnte ich jemals gehen, wenn du mich sofort retten würdest, wenn du nur könntest?

Manchmal warte ich immer noch auf Rettung, aber es ist leichter geworden, nicht mehr zu warten. Du bist mein Anker. Ich liebe dich für immer!

- *Mein größtes Geschenk heißt Lisa*

Du siehst meine Müdigkeit in jeder Faser meines Körpers. Meine schweren Beine, die meine Last kaum noch tragen können. Dann nimmst du meine Hand und alles wird ein bisschen leichter. Ich fühle weniger Angst mit dir. Ich bin stärker, ich bin frei, wenn ich meine Gedanken mit dir teilen kann. Zusammen sind wir schwerelos und all der Schmerz liegt weit von uns entfernt. Ich kann immer ungefiltert sein, wer ich bin. Ich bin dir nie zu viel. Manchmal da habe ich keine Kraft mehr, gegen meine Monster zu kämpfen. Dann sagst du: »Wir müssen üben, mit ihnen an der Hand zu laufen.«
Und wie könnte ich jemals gehen, wenn du dabei an meiner Seite bist?

- chrizzl und elli, mit einem Rohrbruch begann alles

Als ich dich kennenlernte, glaubte ich nicht daran, was daraus werden würde. Ich bin dankbar für jeden Weg, den wir zusammen gegangen sind. Jedes Konzert, das Festival, die Ausflüge. Ich habe alles geliebt, was wir erlebt haben. Ich liebe deine Stärke, mit der du mich immer mitreißt. Ich liebe deine Energie und deine Liebe, die du immer für mich übrig hast. Du wirst nicht müde, mich mitzuziehen. Wir sind da in guten und schlechten Zeiten.

Da war dieser Abend. Ich war am Ende, ich wollte gehen. Du hast mich kurz gerettet. Mein letzter Versuch, jemanden anzurufen, du hast abgenommen. Du hast dir meine wirren Gedanken angehört, die ich dir unter Tränen erzählt habe. Ich redete immer wieder vom Springen, aber du hast mich überzeugt, dass es nicht das Richtige ist. Und so hast du mir einen Abend lang das Leben gerettet. Du hast mich gefragt: »Willst du mein Pinguin sein?«

Und wie könnte ich jemals nein sagen, wenn Pinguine doch ein ganzes Leben zusammenbleiben? Du bist meine Michiko für immer.

- Pinguine für Michiko

Ich halte das fest, das mit uns. Ich halte uns fest, bis die Kraft mir entrinnt. Ich lache an jedem Tag mit dir, weil es mich atmen lässt. Ich spüre, wie ich dazu in der Lage bin, einen ruhigen Atemzug zu nehmen. Der Puls schlägt im Takt und wir sind gut. Wir sind eine Symbiose, wir sind Einklang. Wir sind der tosende Sturm, der durchfegt, unaufhaltsam von außen. Wir sind zerbrochen vom Schmerz, unsere Bruchstücke sind scharfkantig, aber wir werden einander nicht schneiden. Wir laufen mit den nackten Füßen über die heißen Kohlen und stehen am Ende doch auf beiden Beinen.

Manchmal sage ich zu dir: »Ich will nicht mehr hier sein.« Und dann lachst du und sagst: »Ich auch nicht mehr.« Dann lachen wir beide und stellen uns vor, wie es wäre, nicht mehr hier zu sein.

Und wie könnte ich jemals gehen, wenn wir beide darüber lachen können, dass wir manchmal nicht mehr hier sein wollen? Wir sind Perfektion in unserer Blase. Wir sind Perfektion.

- *Brief an Mary Lou*

Du bist die stabile Konstante seit einigen Jahren. Du hast mir meinen großen Fehler verziehen, als ich kurz gegangen bin. Wir sind immer ehrlich zueinander und immer füreinander da. Ich bin dir nie zu schwer, du kannst meine Last mittragen. Ich liebe dein Lachen, deine Witze und deine Art von Humor. Du nimmst mich, wie ich bin. Du schaffst es, mich auf eine gute Weise damit aufzuziehen. Dann sage ich leise zu dir:»Ich liebe unsere Freundschaft.« Darauf strahlst du, weil es dir viel bedeutet. Weil ich dir genug bedeute, dass du bei mir bleibst. Es tut mir leid, dass ich jedes Jahr deinen Geburtstag vergesse. Ich habe dich trotzdem lieb, für immer.

- Promiagentur Olisa - Olli & Elli tratschen für immer

Du sahst mich nicht. Ich sah dich nicht. Aber trotzdem hast du mich nach diesem Konzert angeschrieben. Sofort war da diese Magie. Du hast mich getragen von da an, durch alle Zeiten. Ich wollte immer einen großen Bruder haben und dann hatte ich ihn endlich. Wir teilen kein Blut, aber das müssen wir gar nicht, um Familie zu sein. Du hast so viel Verständnis für mich. Ich muss mich nie erklären. Du verstehst mich auch ohne Worte, jedes Schweigen kannst du deuten.

Du hältst mein Herz mit deinen Worten und wie könnte ich jemals gehen, wenn ich weiß, dass es bei dir sicher ist?

- Der reisende Bruder Stefan

Wir leben ein bisschen für die Leidenschaft, für die Ekstase. Zumindest wenn es um den Fußball geht. Diese Momente, die wir zusammen erlebt haben, bleiben für immer tief in meinem Herzen. Deine lieben Gesten, deine aufmunternden Worte halten mich fest. Aber nie zu fest, dass es mir die Luft zum Atmen raubt. Du lässt mich frei, ruhig neben dir her laufen, so dass ich jederzeit flüchten kann, wenn ich das Bedürfnis habe. Du nimmst mich, wie ich bin. Es ist viel wert, sich nicht immer erklären zu müssen. Ich kann es kaum erwarten, nach all den Jahren der Pause, endlich wieder bei einem Tor vor Freude in deinen Armen zu liegen.

- *Stierbier- & Colatrinktag bei Marci & Elli*

Vielleicht sind wir nicht gut darin, uns zu halten. Aber wir sind gut darin, uns wiederzufinden. Ist es nicht das, was am Ende zählt? Gehen können und sich trotzdem am Ende nie zu verlieren. Darauf zu vertrauen, dass es beständig ist, fiel mir irgendwann immer leichter. Du weißt, dass es in meiner Welt viel bedeutet, anderen vertrauen zu können. Und wie könnte ich jemals gehen, wenn du damals die einzige Person warst, die den Schmerz auch gefühlt hat?

Ich flüstere dir zu: »Warum fühlt er es nicht? Warum fühlen es beide nicht?« Du siehst mich ratlos an und sagst: »Ich weiß es auch nicht.«

- *Elli geht, Jenny kommt nach*

»Du und sie gibt es ewig«, flüsterte die Stute dem schwarzhaarigen Mädchen zu. Denn sie hatte längst gesehen, dass das rothaarige Mädchen auf dem Weg zum Wasserturm war. Als sie einander erreicht haben, sagte sie: »Ich weiß nicht, ob du jemals daran gezweifelt hast, aber du musst niemals daran zweifeln. Wie dunkel deine Wolken auch manchmal sein werden, uns gibt es ewig.« Daraufhin müssen wir beide lachen, denn 22 Jahre können schlecht lügen.

Auch wenn wir uns manchmal Monate oder Jahre nicht sehen, wir verurteilen uns nie gegenseitig und wir können uns aufeinander verlassen. Es ist gut, jemanden zu haben, der einen nie verurteilt. Du nimmst meine Hand und führst sie zu deiner Stute, die du Sandra getauft hast. Einen Moment kann ich meine Angst vor den Pferden vergessen, weil ich weiß, es ist dir wichtig. Also murmle ich in ihre Mähne: »Ich habe dich lieb.« Und dich, Anna, dich habe ich auch immer lieb, egal, in welcher Zeit wir auch sein mögen.

- Jahre können niemals lügen - Anna & Elli

Unsere Herzen im selben Takt, auf der gleichen Note singen sie das beste Duett in unserer Welt. Viel Worte hat es nie gebraucht, um auf einer Wellenlänge zu sein. Manchmal leben wir extremen Fanatismus.

Und wie könnte ich jemals gehen, wenn du weißt, was es heißt weg zu driften? Sich so aus der Welt zu nehmen, dass man nur noch in seiner zusammengeschusterten Welt des Fanseins lebt. Ich kann es mit dir teilen, du mit mir. Deine Art von Humor bringt mich zum Lachen.

Nach all der Zeit bist du immer noch Pizza und die beste Memedealerin der Welt. Stößchen, 10 Jahre, auf uns.

- Tete, die beste Memedealerin der Welt

Ich wäre keine Erdnussbutter ohne meine Nudel. Ich hätte viel weniger zu lachen gehabt in meinem Leben ohne dich. Dieses starke Band, was uns noch immer verbindet.

10 Jahre sind eine lange Zeit und manchmal ist es erschreckend, wie sie an uns beiden vorbeigezogen ist. Das ein oder andere Mal hat ein Abschied drohend in einer Ecke gewartet. Letztendlich sind wir einfach an ihm vorbeigegangen. Ich kann es kaum erwarten, dich eines Tages wiederzusehen, jedes Wort und jedes Lachen mit dir zu teilen und mich festzuhalten an unserer Zeit, an unserer Geschichte.

- Wir können für immer Nudel & Erdnussbutter sein, wenn du das möchtest

Du nennst mich immer bei meinem vollen Namen. Wie viel mir das wirklich bedeutet, habe ich erst viel später realisiert. Es ist, als hättest du verstanden, dass ich jeden Buchstaben benötige, um meine Last tragen zu können. Es ist nur ein Buchstabe mehr, aber am Ende zählt jeder Buchstabe. Es ist, als hättest du hinter meine Elli-Maske geschaut und mich erkundet. Du kennst all meine Schwächen und hältst mir gnadenlos den Spiegel vor. Ich brauche das in einer Welt, in der ich oft nicht mutig genug bin. Ich bin ein bisschen mutiger mit dir. Du hast mir beigebracht, zu meinen Worten zu stehen und sie auszusprechen. Zu dem zu stehen, was ich möchte. Ich liebe es, dass du mir genug vertraust und alles ungefiltert mit mir teilst. Wie könnte ich jemals gehen, wenn du mir immer so viel Energie gibst?

- Ai ohne caramba und viel Feuer unter dem Arsch

Ich liebe deine ganze Art, sie ist unglaublich. Ich fühle mich bei dir sicher genug, um zu träumen. Das bedeutet eine ganze Menge in der Umlaufbahn meiner Gedanken.

Deine ganzen Selbstzweifel, die du manchmal hast, möchte ich am liebsten auslöschen, du hast sie nicht verdient. Du hast keine verdammten Zweifel verdient, weil du in allen Dingen, die du tust, gut bist.

Manchmal flüstere ich leise in mein Handy: »Ich glaube, ich schmeiße das alles hin.« Daraufhin sagst du leise zu mir: »1996 für immer, wir schaffen das alles zusammen.« Und wie könnte ich jemals gehen, wenn wir zusammen träumen? Deine Träume - meine Träume. Du hältst dich fest. Ich halte mich fest. Du hältst mich fest. Ich halte dich fest. Wir halten uns für immer zusammen.

So versuche ich, deine Zweifel manchmal auszulöschen, damit du jeden Weg in dein Wonderland findest, denn du bist Sam Wonderland und auch für mich ist immer ein Platz frei in Sams_Wonderland.

- Sammy und Elli ist 1996 für immer

Ich würde so gerne dein wunderschönes Gesicht sehen. Deine strahlenden Augen und deinen lächelnden Mund. Aber natürlich trennt uns die Entfernung. Und trotzdem haben wir so viel Nähe, dass es mein Herz berührt.

Meine wundervolle Kathi, was hätte ich so oft nur ohne dich getan? Du warst da, manchmal mitten in der Nacht, und hast dir meine stummen Schreie angehört. Es gibt kein Wort dafür, um meine Dankbarkeit auszudrücken. Manchmal flüstere ich dir zu: »Ich hasse das Leben.« Und dann sagst du: »Ich weiß, aber bitte bleib.«

Wie könnte ich jemals einen Wunsch abschlagen, der vom Herzen kommt?

So bleibe ich weiter hier, weil ich weiß, dass ich noch bei jemandem im Herzen bin.

- Kathi

Gib mir noch etwas mehr von deinem Mut. Ich brauche ihn, um weiter zu bestehen. Gib mir noch mehr von deiner Zuversicht, sie hält mich aufrecht. Ich atme deine Worte ein, inhaliere sie und lasse sie in mein Herz strömen. Sie machen sich auf einer wunderschönen grünen Wiese breit. Deine Worte machen sich zwischen Dutzenden von Gänseblümchen breit. Jede deiner Zeichnungen raubt mir den Atem vor Schönheit. Hör nie wieder auf damit! Dein Lachen und dein Schweizer Dialekt klingen nach Sicherheit. Manchmal da flüstere ich dir zu: »Ich habe Angst vor meinen Träumen.« Aber dann sagst du: »Das musst du nicht, denn ich begleite dich jede Sekunde, damit du sie dir erfüllst.«

Und wie könnte ich jemals gehen, wenn du mich jeden Augenblick begleitest und ich in Sicherheit bin? Ich wiege mich in deiner Sicherheit, in deiner Kunst.

- *Die Kunst von Lauri*

Ich liebe jeden Buddyread mit dir, jeden Austausch darüber. Es ist Abtauchen aus dieser Welt, für einen kurzen Moment. Und ich brauche jede Pause, die ich bekommen kann, um zu atmen. Danke, dass du meine Pausen mit mir teilst. Danke, dass du zu jedem meiner Worte stehst und mir Kraft gibst. Du bist meine Supercary und ich will nie wieder ohne dich lesen.

- Cary und Elli lesen für immer zusammen

Deine Art, mit Worten umzugehen, berührt mich seit dem ersten Moment. Ich hing gespannt an deinen Zeilen, denn sie gaben mir ein Gefühl von Zuhause. Das, was wir zusammen lesen, ist Ankommen für mich. Ankommen in einer stürmischen Welt, die immer viel zu laut ist und droht, uns zu verschlucken. Dir gehört ein Stück meines Herzens, weil du so sanft mit ihm umgehst. Du hältst es schützend und ich weiß, es ist bei dir sicher. Ich bin bei dir sicher.
So freue ich mich auf jedes Wort, das wir teilen werden, und jede Zeile, die wir zusammen lesen werden. Denn es ist von Bedeutung. Du bist von großer Bedeutung.

- Wortbeschützerin Yvonne

Ich hoffe, ich bin nicht die Erste, die dir erzählt, dass du ein himmlisches Lachen hast. Wenn es unerträglich wird, rufe ich es in meinen Gedanken auf. Du bist ein Sonnenschein, mein Sonnenschein, der so oft meine grauen Regenwolken vertrieben hat. Sie hatten mich zwar meistens schon nass geregnet, aber manchmal war ich danach wenigstens nicht total durchnässt.

Du versuchst, mich so oft zu tragen, obwohl ich die meiste Zeit untragbar bin, dafür gibt es nie genug Dankbarkeit. Viel zu oft habe ich zu dir gesagt: »Erschieß mich bitte.« Und dann hast du mich angeschaut und gesagt: »Erschießungen sind nur am Mittwoch und wir haben Donnerstag.« Dann muss ich lachen, weil ich weiß, dass es deine Art ist zu sagen, dass ich hierbleiben und mir nichts tun soll.

Und wie könnte ich gehen, wo wir Tigger und Eeyore sind, wo du meine Prinzessin Lisafee bist? Ich habe dich lieb und obwohl ich dir das jeden Tag fünfmal sage, freust du dich immer noch darüber und erwiderst meinen Satz.

- *Meine Prinzessin Lisafee*

Vielleicht habe ich dir nie gesagt, dass auch du mir einen kurzen Moment mein Leben gerettet hast.

Viele meiner Freunde hatten längst bemerkt, dass mich mein Leben verbrannte. Die Flammen tanzten um mich herum, versenkten meine Haut. Meine Gedanken nährten das Feuer immer mehr. Aber ihre Worte, damit ich es schaffe, einen Weg aus dem Feuer zu finden, hatten zu wenig Gewicht. Sie waren nicht stark und laut genug. Sie verklangen in meiner inneren Stille.

Dir hätte es egal sein können, dass ich dabei war zu verbrennen, es war nur der Job, der uns verband. Aber du wolltest, dass ich endlich aufhöre zu brennen. Du warst ehrlicher und schonungsloser. Plötzlich hatten diese Worte Gewicht. Sie verklangen nicht einfach im Nichts. Sie waren stark genug, um den Weg zu finden, aus den Flammen.

Manchmal da bin ich verzweifelt, weil ich meinen Selbstwert nicht sehen kann, weil ich denke, ich bin das Nichts. Aber dann sagst du: »Es gibt keinen Grund zu zweifeln, du bist gut in dem, was du machst, und wie du bist.«

Und wie könnte ich jemals gehen, wenn mir jemand meine Zweifel nimmt? Dabei anmutig vor mir steht wie ein zartes Reh, das man sanft vor Dankbarkeit in den Arm nehmen möchte.

- *Das anmutige Reh Anja*

Dein Wort in meinem Ohr. Dein Flüstern in meiner Stille. Ich antworte nicht darauf, denn mir fehlen meine Worte. Wie so oft fehlen mir meine Worte, wenn es darauf ankommt, etwas Sinnvolles zu sagen. Aber das muss ich bei dir nicht, denn du weißt, dass ich jede Silbe verstanden habe.
Wer kann ich schon sein? Ich bin viel zu klein, obwohl ich doch groß bin. Ich mag dich überragen, aber du hast immer viel mehr Größe als ich. Ich bewundere diese Stärke und lasse sie in mein Bewusstsein strömen. Mein Flüstern in deinem Ohr. Mehr braucht es nicht, du hast es verstanden.

- *Ein Flüstern von Fischi in jeder Stille*

Mit welchem Selbstbewusstsein du durch die Welt gehst, hat mich von Anfang an beeindruckt. Manchmal habe ich mir gedacht, wenigstens ein bisschen davon zu besitzen, das wäre schön. Es wäre leichter, durch das Leben zu kommen, wenn man sich nicht ständig selbst für alles hasst. Ich habe versucht, alles aufzusaugen, was du mir mitgegeben hast. Ich hatte keine Angst mit dir, weil ich wusste, du bist lauter. Lauter als all die anderen lauten Menschen um uns herum, wenn es darauf ankommt. Sie machen mir schnell Angst, weil ich mich vor ihnen noch nie beschützen konnte, wenn es darauf ankam.
Ich war gerade erst dabei zu lernen, meine Grenzen zu ziehen. Ich habe es geschafft, weil du da warst, wenn es darauf ankam. Ich bade mich in deiner Zuneigung.

- Ich brauche dich, Hena

Du hast mich getragen durch so viele Tage, Wochen, Monate. Mit deiner Anwesenheit, mit deinen Worten, mit deiner Loyalität. Das ist etwas, woran ich nie zweifeln musste, etwas, dessen ich mir immer sicher sein konnte. Es hat mich gestärkt in all meinen schwachen Momenten. Momenten, in denen ich auf dem Boden lag, geweint und geschrien habe. Mich vor Schmerzen gekrümmt habe. Weil ich nicht mehr wusste, wie ich alles aushalten sollte. Jedes schmerzende Wort schrie mich an und ich wusste, wenn ich es nicht ausgleichen kann, dann hat es mich getroffen.

Ich nahm deine Worte zum Ausgleichen. Sonst konnte die Rechnung nicht aufgehen, aber das musste sie, denn ich konnte es mir nicht erlauben, mich zu verrechnen. Meine Tränen in deinem Telefonhörer, es hat gereicht, du hast mich verstanden. Und so habe ich keinen Grund zu gehen. Solange ich mit jedem deiner Worte die Rechnung begleichen kann.

- Meine Tränen in deinem Ohr, Marion

Du hast mich aufgefangen, als ich neu war. Du hattest so viel Geduld, mir all diese Dinge beizubringen. Also hörte ich auf, Angst vor dir zu haben, weil ich wusste, dass ich okay bin. Du warst einer der ersten Menschen, vor denen ich keine Angst mehr hatte, bei denen ich nicht mehr innerlich zusammengezuckt bin, wenn sie mich angesprochen haben. Und auch danach, in all der Zeit und der Gegenwart, hat es nicht aufgehört. Jede Frage, jede Unsicherheit ist okay. Ich fühle mich nicht dumm und schrecklich fehl am Platz, wenn ich mit dir sein kann. In meiner Welt ist das sehr viel Wert.

Ich schenkte dir dieses Buch, weil ich weiß, wie laut Gedanken sein können, wenn sie dich quälen wollen. Aber wir müssen ihnen nicht immer zuhören, manchmal können wir sie auch ziehen lassen.

- Ich halte deine rettende Hand immer noch, Mone

Ich lasse mich fallen, ich lasse mich fallen in deiner Fürsorge. Ich genieße den Aufprall, weil er gegen jede Erwartung nicht wehtut. Er ist nur leicht, weil ich aufgefangen werde. Mit jeder deiner Gesten, mit deinen Worten, mit deinen Ohren. Und ich liebe jedes Fallen, denn es gibt nichts Schöneres, als nach jeder Schwerelosigkeit sicher zu sein.

Manchmal da flüstere ich dir zu: »Es tut mir alles so weh.« Und dann sagst du: »Ich höre dir zu.«

Und wie könnte ich jemals gehen, wenn meine Stimme gehört wird? Bitte halte mich in Sicherheit für immer.

- Die beste Beifahrerin der Welt, Ines

Verständnis in deinen Worten, Liebe in deinen Augen. Dein Lachen in meinem Herzen. Du faszinierst mich mit deinem Selbstbewusstsein, die Dinge so zu gestalten, wie du sie für richtig hältst. Es gibt mir den Mut, auch so zu agieren. Deine Kraft, mit der du mich unterstützt. Mir wird schwindelig von der Energie, weil ich vergessen habe, wie es sich anfühlt. Wie es sich anfühlt, wenn ein Mensch dir aufrichtig sagt, dass man in etwas gut genug ist.

Meine gedachten Worte spreche ich nicht aus, weil es unfair gegenüber den Menschen wäre, die es ernsthaft versucht haben. Aber hätte ich die Wahl gehabt, wer nach April jemals wieder auf diese Weise einen Platz in meinem Herzen hätte bekommen sollen, dann ein Mensch wie du, denn da ist so viel Wärme.

- Wir teilen uns die Thematik und manchmal können wir darüber lachen, Simone

Es war einmal eine kleine Eule Krusi. Sie hatte immer ein großes Herz für alle anderen Menschen. Alles, was sie tat, tat sie mit all ihrer Liebe. Sie gab Zuversicht und Vertrauen. Sie mochte es zu lachen, bis ihr der Bauch wehtat. Und vor allem liebte sie ihren Hasen. Sie war die liebste Eule von allen und stand bei allen hoch im Kurs. Jeder wollte ihre Gunst für sich. Doch verärgern durfte man sie nicht. Und so flatterte sie fröhlich weiter umher, denn nichts war so schön, wie eine Eule zu sein.

- *Kleine Eule Krusi*

Ich denke gerne an jeden gemeinsamen Augenblick in unserer Kindheit zurück. Es ist kostbar, was wir zusammen erlebt haben, jeden Moment, den wir geteilt haben. Das kurze Unbeschwertsein hat mir dabei geholfen, meine Nerven nicht zu verlieren. Da war schon immer dieses unsichtbare Band und ich bin glücklich, dass es das gibt. Ich bin glücklich, dass es dich gibt.

- *Immer wenn ich meine Locken betrachte, denke ich an dich, Anni*

Bunny,

Diese Wunde ist viel zu frisch, um nur die schönen Dinge unserer Zeit zu sehen. Aber eines sollst du wissen, egal wie es auseinandergegangen ist, ich werde uns nie vergessen.

Jedes Lachen, jedes Wort ist für immer in meinem Herzen. Und so mache ich mir das größte Geschenk, indem ich es nicht vergifte mit sinnlosem Hass. Denn die Zeit kommt und geht. Du bist gegangen und ich, ich bin auch davongelaufen, als keine Rettung mehr in Sicht war.

- *Du liebst Eulen, ich liebe Schafe, du hast Hasen, wir haben es nicht geschafft*

Liebes Blauwassermädchen,

Ich weiß, du kennst mich nicht. Ich verfolge deine Seite schon eine ganze Weile. Ich bin dir dankbar, dass du mir Lillys Worte gezeigt hast. Mittlerweile sind sie mein Zuhause, mein Anker, der mich vor dem Ertrinken schützt. Ich habe durch dich den Mut gefasst, meine Gedanken mit der Welt zu teilen, zu meinen Worten zu stehen und sie nicht mehr wegzuradieren. Ich liebe deine Worte, sie lassen mich atmen. Ich weiß, es fällt dir oft schwer, hier zu sein. Aber du bist kostbar, jeder deiner Atemzüge ist kostbar. Ich danke dir für sehr viel.

In Liebe,

Elli

Liebe Gedankenstaub,

Ich danke dir für deine Worte, in denen ich mich baden konnte. Baden konnte, ohne Angst haben zu müssen, dass ich ertrinken werde. Ich habe mich in ihnen gesonnt, ohne zu verbrennen. Ich bin in ihnen angekommen und ich werde sie weitertragen, solange mein Herz in seinem müden Takt schlägt.

Ich danke dir dafür, dass du mir Mut gemacht hast, zu meinen Worten zu stehen.

In Liebe,

Elli

Es ist die Hassliebe, die uns verbindet. Alle sagen, das ist bei Geschwistern normal. Aber bei uns geht es tiefer. Wir hassen uns stärker, wir lieben uns stärker. Irgendwann haben wir verlernt, ein gesundes Gleichgewicht zu finden und zu halten. Wir haben uns immer wieder wehgetan, gegenseitig. Wir haben uns verloren, so wie wir uns selbst verloren haben.

Manchmal fällt es mir schwer, genug Liebe für dich zu haben. Denn du bist der September, der Anfang vom Herbst. Der Herbst ist der Anfang vom Winter. Ich hasse den Winter. Dennoch weiß ich, ich werde dich immer beschützen. Ich werde dich immer lieben, so wie ich es Mama im Koma versprochen habe.

Also flüstere ich dir zu: »Ich bleibe für immer bei dir.« Du antwortest mir nicht darauf, weil du verlernt hast, darüber zu sprechen. Aber ich weiß, du bleibst es auch, für immer bei mir.

- *Ich lass dich nicht los, September*

Ich sehe oft, wie du haderst mit den Unannehmlichkeiten seit deiner Diagnose, den Folgen der OP, auch wenn du wieder als geheilt giltst. Ich sehe manchmal, wie du damit haderst, am Leben zu sein, vor allem seit der Diagnose. Das bisschen schöne Leben, was du dir wieder aufgebaut hast bzw. was dir geblieben ist, hat sie dir wieder weggenommen. Und ich glaube vor allem, dass sie dir die Hoffnung genommen hat. Die Hoffnung darauf davonzukommen, noch mehr im Leben tragen zu müssen.

An manchen Tagen siehst du nicht das Wunder, dass du noch lebst. Aber ich sehe jeden Tag dieses Wunder und ich kann es manchmal kaum fassen, dass du lebst, dass du bei mir bist, dass du nicht gegangen bist. Ich habe unglaublich große Angst vor diesem Tag, denn wenn ich so etwas wie einen Anker habe, dann bist du meiner.

Ich halte dich fest, solange du hier bist, ich versprech¢s. Das bin ich dir schuldig, auch wenn man nie in der Schuld anderer Menschen stehen sollte. In unserer Welt gelten andere Regeln, ich bin es dir schuldig, weil du nicht untergegangen bist, als dir danach war. Du hast September und mich im letzten Augenblick geschnappt, bevor die große Welle kam, bist unsicher mit uns ans rettende Ufer geschwommen. Du konntest auch noch nie richtig schwimmen, aber du konntest paddeln, das hast du immer zu mir gesagt, wenn ich traurig war. Wenn ich traurig war und nicht einfach schwimmen lernte wie die anderen Kinder.

Es ist nicht schlimm, wenn du das nicht kannst, wenn du Wasser nicht so magst. Du hast es gesagt, weil du wusstest, dass ich trotzdem damals ertrunken bin, dass ich nicht rechtzeitig gerettet worden bin. Aber ich liebe dich so sehr, wie man einen Vater nur lieben kann – über alle Zeit hinaus.

- Jedes Jahr kommt ein neuer July

161

Mama ...

Dieses Wort klingt fremd aus meinem Mund, es ist schwer auszusprechen. Ich versuche, es selten zu sagen, weil es mir wehtut. Ich versuche immer, bei Mutter zu bleiben, das klingt distanzierter, auch wenn ich von dir spreche.

Ich habe schon einige Jahre keine Briefe mehr an dich gerichtet, nur noch an April. Ich denke, es ist gut, diese Distanz zu haben. Aber als ich letztens einen Brief von meinem 14-jährigen Ich gefunden habe, der an dich geschrieben war, schlich sich ein Gefühl ein. Ich denke, ich bin es diesem Mädchen schuldig, mit 24 noch einen an dich zu richten. Wenige Gedanken und Gefühle aus der Zeit haben sich geändert, aber ich stehe sicherer auf beiden Beinen in diesem Leben. Ich bin immer noch zwischen Leben und Tod zerrissen, aber ich hänge auch sehr an meinem Leben. Ich kann mich noch weniger an das Leben davor erinnern, als ich es damals konnte, meine Wunden sind auch nicht mehr so frisch, sie sind wulstig vernarbt, unübersehbar. Du bist mir noch fremder als damals und ich habe gar keine Vorstellung mehr davon, wer du warst und wie sehr du mich geliebt hast. Ich vermisse dich immer noch, aber mehr vermisse ich einfach die Tatsache, eine Mutter gehabt zu haben. Die Erinnerungen, die ich habe, sind eingebrannt, die guten aber auch die grausamen. Es bleibt für immer ein schmerzhaftes Kapitel.

Vielleicht gibt es für uns beide irgendwo und irgendwann einen Weg, bei dem wir all die verlorene Zeit unendlich nachholen können. Ich denke, dieser Wunsch hat sich geändert. Früher habe ich mir viele Jahre gewünscht, du könntest wieder leben, und nachdem ich einsehen musste, dass er zu groß war, habe ich angefangen, mir zu wünschen, dass wir danach unsere Zeit teilen können. Das ist zwar nicht viel realistischer, aber ich finde die Vorstellung sehr schön und darauf kommt es mir an. Was ich meinem 14-jährigen Ich gerne noch sagen würde: Es wird nicht besser, aber irgendwann fängt es an, anders wehzutun, es ist keine ständig blutende Wunde mehr, nur noch eine Narbe, die du bei jeder Bewegung fühlst. Man kann sich an dieses Gefühl so sehr gewöhnen, so wie man die Stimme von geliebten Personen vergisst, wenn sie nicht mehr da sind. Es passiert einfach mit der Zeit, ohne dass du dafür etwas tust. Jeder Schmerz, den du jemals gefühlt hast, der war okay, der war nie falsch. Du hättest dich nicht selbst so geiseln und dich nicht für alles schuldig fühlen müssen. Du warst niemals schuldig, und jetzt lege deine Nadeln weg, sie werden dir nur weiter schaden. Ich liebe dich jetzt genug, Mädchen, und vielleicht kannst du dem 5-jährigen und dem 7-jährigen Mädchen ausrichten, dass ich sie jetzt auch genug liebe. Trotz des Schmerzes und der Sehnsucht, die immer noch in mir wüten.

Und dich Mama, dich liebe ich auch immer, aber ich schreibe in der Zukunft lieber über April. Vielleicht eines Tages schreibe ich erneut ein paar Zeilen an dich.

- Fremdes Wort

Lieber April,

Die ersten Jahre meines Lebens warst du nur ein Monat, jetzt bist du mehr. Du bist mein Lieblingsmonat, ich kann dich jedes Jahr kaum erwarten. Es gibt keinen Monat, in dem ich ihr näher bin. Sie ist in dir geboren und seit sie fort ist, ist mein Leben wie April. Es ist launisch, durcheinander, wunderschön, kalt und manchmal viel zu warm. Mein Leben sollte mehr wie Juni sein, schließlich bin ich June, aber es ist April. Ich liebe dich April, für immer.

Ihr beide seid für immer ein Teil von mir.

- April ist für immer

Outro

Sie blickte in den Handspiegel, den sie vor ihr Gesicht hielt. Da waren die ganzen Narben auf ihrem Rücken, die sie vorher nie sehen konnte. Da war all das Blut, das sie innerlich vergossen hatte. Sie hatte es all die Jahre nicht richtig wahrgenommen. Sie blickte sich wahrhaftig in die Augen und sie hatte immer noch Schwierigkeiten, ihren Körper zu betrachten. All der Selbsthass und der Schmerz krochen in ihr Bewusstsein. Sie ließ ihn los, den Spiegel. Er glitt zu Boden. Der Lärm durchschnitt die Stille. Sie sah die Scherben. Sie musste gehen, sie musste fliehen. Sie musste verschwinden. Denn sie wusste: Alles, was blieb, war ein Glasscherbenhaus.

Danksagung

Natürlich gibt es so viele weitere Menschen, denen ich gerne Danke sagen möchte. Denen, die mich seit vielen Jahren begleiten oder einen gewissen Zeitraum begleitet haben, zu denen der Kontakt aber irgendwann abgerissen ist. Ihr habt einen Platz in meinem Herzen.

- Den Menschen auf der Arbeit, die ich so sehr mag.

- Den Menschen, mit denen ich meine Zeit, als Kind im Hof, verbracht habe.

- Den Menschen, die meine Schulzeit positiv geprägt haben (Grundschule/Mittelschule & Berufsschule).

- Den Menschen, mit denen ich in einer Therapiegruppe war, und den Therapeuten, die mich in der Zeit begleitet haben.

- Den Menschen, die ich in der Buchcommunity kennengelernt habe und die mir auch als Testleser teilweise beigestanden haben: Romy, Moni, Kaddi & Jacqui.

- Den Autoren, die meine Fragen beantwortet haben oder mich ermutigt haben, meinen Weg zu gehen: Christina, Svea und Lili.

- Nini, ich bekomme immer noch Bauchschmerzen, wenn ich an unsere Lachanfälle denke.

- Sarah, am Ende des Tages bist du immer für mich da.

- Franzi, ich habe alles geliebt, was wir zusammen erlebt haben.

- Rudi, dein Vertrauen in mich hat mich durch so viele Situationen getragen.

- Christin, dein Beistand in schlimmen Stunden war Balsam für mich.

- Dieter, du bist der beste Hase auf der Welt.

- Meiner Familie.

- Lisa Buchwinter, für das traumhafte Cover.

Ich habe sicher jemanden vergessen. Es tut mir leid, wenn du dich hier vermisst. Aber zweifle nicht daran, dass auch du einen Platz in meinem Herzen hast.
Ich habe euch lieb.

Dir, liebe*r Leser*in möchte ich auch danke sagen. Danke, dass du dich auf meine Worte und Gedanken eingelassen hast. Vielleicht haben sie dich berührt. Vielleicht konntest du etwas für dich mitnehmen.

In Liebe,
Elli

Anmerkung

Folgende Szenen entspringen meiner Erinnerung:
- Ich hab's nicht verstanden
- Blitz und Donner
- Seifenblasen
- April lebt irgendwie
- Anfang vom Ende
- Anonymer Scheißdreck

Diese Szenen habe ich mir in ähnlichen Situationen, in denen ich mich befunden habe, ausgemalt:
- Stuhlkreis
- Glasscherbenhaus
- Plüschhase
- Von Sternen und Amseln
- Zwischen April und July
- Wir waren auch mal zu viert

In diesen Situationen habe ich mich wie geschildert oder so ähnlich öfter befunden:
- Untergang
- Stuhlkreis
- Warum hört es nicht einfach auf zu schlagen?
- Schmerztrophäenschrank

Gestaltung

Zu finden auf Instagram

Cover: Lisa Winter - @buchwinter_

Rastlosigkeit: Laura Freundler - @atelier.laura

Nichtschwimmer: Laura Freundler - @atelier.laura

Maskerade: Laura Freundler - @atelier.laura

Schmerzgefühle: Carina Cabarth - @fairycarysworld

Resignation: Carina Cabarth - @fairycarysworld

Sonnengedanken: Laura Freundler - @atelier.laura

April ist für immer: Laura Freundler - @atelier.laura

Zu viel Liebe: Marie-Luise Müller - @pain.in.comics

Buchsatz: Nina Kristin Schneider - @ninakayos

Lektorat/Korrektorat: Katharina Dargel - @katha.areti